U0614189

会展策划与指导实践

李武陵 ◎ 著

吉林出版集团股份有限公司

图书在版编目（CIP）数据

会展策划与指导实践/李武陵著. — 长春 : 吉林出版集团股份有限公司，2023.9

ISBN 978-7-5731-4328-0

Ⅰ.①会… Ⅱ.①李… Ⅲ.①展览会－策划 Ⅳ.①G245

中国国家版本馆CIP数据核字（2023）第181945号

会展策划与指导实践

HUIZHAN CEHUA YU ZHIDAO SHIJIAN

著　　者	李武陵	
责任编辑	滕　林	
封面设计	林　吉	
开　　本	787mm×1092mm	1/16
字　　数	203千	
印　　张	13	
版　　次	2023年9月第1版	
印　　次	2023年9月第1次印刷	
出版发行	吉林出版集团股份有限公司	
电　　话	总编办：010-63109269	
	发行部：010-63109269	
印　　刷	廊坊市广阳区九洲印刷厂	

ISBN 978-7-5731-4328-0　　　　　　　　　　定价：78.00元

前　言

　　会展是应用性很强的专业，著名课程专家拉尔夫·泰勒在其《课程与教学的基本原理》一书中提出，要将学习者的需要、社会生活的需要和学科的发展并列为课程目标的三大来源。会展管理人才必须掌握的知识和技能包括三大部分，即基础知识、专业知识和实践能力。由于我国的会展专业教学和培训起步相对较晚，在国内教学上还是比较重视知识领域的灌输，虽然国内很多高校的会展专业也都意识到实践环节对于专业教学的重要性，并在不同程度上开展了丰富的实践教学内容，如自创会展、与企业合作开展多种形式的短训实践，但是较少有教材将教学和实践紧密结合。

　　本书强调学生的参与性，练习多以学生小组的方式合作完成，学生通过亲自调查分析、策划写作和动手操作乃至真正实施，能够对会展策划和管理有一个完整的认识，切身体会到会展基本的运作过程。项目练习不仅需要大量的调查、策划和写作，还会涉及计算机使用、会展设计、现场布置、沟通联络、组织等多项技能的训练，使学生对其他课程的学习在会展策划课程中得到完整的应用。

　　本书的撰写是在我们摸索会展实践教学的过程中完成的，因水平有限，不足之处请谅解。

目　录

第一章 会展与会展策划概述

会展业是综合性产业，具有明显的城市经济特征，涉及旅游、交通、邮政、广告、餐饮、住宿、通信等诸多行业。会展策划诸要素之间互相影响、互相制约，构成一个完整的体系。进行会展策划的学习，有利于会展策划（设计）人才具有全局性、前瞻性的专业理念，在全球化的背景下，既能站在会展业的前沿，高屋建瓴地进行策划，又能掌握系统扎实的会展设计、管理等知识，更好地胜任会展策划及相关的工作。

第一节 会展概述

会展活动古已有之，但是哪些活动可以称为会展活动却众说纷纭。从字面上看，会展由会议和展览两个词语组合而成，所以把会议、展览（包括展览会、博览会以及交易会等）列为会展活动的范畴几乎是没有任何争议的。但是，除了这些有展览、有会议，同时又夹杂一些娱乐活动的典型展会之外，诸如奥运会、亚运会等体育赛事算不算会展活动？还有许多城市举办的节庆活动，如青岛的啤酒节、浏阳的花炮节等算不算会展活动？对这些问题的回答，还存在争议。

会展作为一门系统的学科并被广泛研究的历史仅有数十年，随着世界经济的快速化和多样化发展，会展活动呈现兴旺之势。由于会展研究的起步比较晚，会展如何定义尚未在学界、业界形成比较一致的观点。

一、会展的定义

国际上，对会展的定义可分为三大流派：欧派、美派和综合派。欧派称会展为 C&E（Convention and Exposition）或者是 M&E（Meeting and Exposition），即认为会展由会议和展览组成，这是比较古老而狭义的定义；美派则把会展概括为 MICE，即公司会议（Meeting）、奖励旅游（Incentive tour）、协会或社团组织的大会（Convention）、展览会（Exhibition or Exposition）四部分的总称；综合派在美派基础之上，将 MICE 逐步演变成 MICEE，即在 MICE 的基础上加入节事活动（Event）。目前，综合派的观点日渐被国际所公认，并成为国际统计标准口径和专业会展行业协会划分标准。

在国内，不同的学者对会展的定义也有不同的看法，主要形成了三种典型的会展含义界定：内涵外延型、内涵特征型和外延界定型。第一种通过对会展内涵的阐述推导出会展外延，如刘松萍、梁文在其编著的《会展市场营销》中是这样定义的：“会展是会议、展览、展销、体育等集体性活动的简称，是指在一定地域空间，由许多人在一起形成的，定期的或不定期的，制度的或非制度的，传递和交流信息的群众性社会活动。它包括各种类型的大型会议、展览展销活动、体育运动会、交易会和大型国内外会议等，其中，展览会是会展的重要组成部分。”这一阐述概括了会展的定义，并给出了会展的外延。第二种主要描述了会展的内涵特征，如向国敏在《会展实务》（2005 年）中认为会展是以追求经济效益为主要目的，以企业化运作提供社会化服务，以口头交流信息或者几种陈列展示物品为主要方式的集体性和综合性活动。这一定义触及了会展的内涵特质并获得了较多学者的认可。第三种避开对会展内涵的界定，直接从会展外延入手，先对会展的外延分类，再分别对每一类外延进行界定。

本书认为，会展是指在特定的时间和空间内，来自各地的人流、物流、信息流、资金流大量集聚，围绕某个特定的主题开展的某种有目的的活动。它包括各种类型的会议、展览、会展旅游和节事活动，有时还包括一些特殊活动。

二、会展的构成

广义的会展包括会议、展览会、会展旅游、节事活动以及其他特殊活动。狭义的会展仅包括会议和展览两部分。

（一）会议

会议是指人们怀着各自相同或不同的目的，围绕一个共同的主题，进行信息交流或聚会、商讨的活动。一次会议的利益主体主要有主办者、承办者和与会者（许多时候还有演讲人）。其主要内容是与会者之间进行思想或信息的交流，它往往伴随一定规模的人员流动和消费。作为会展业的重要组成部分，大型会议特别是国际性会议在提升城市形象、促进市政建设、创造经济效益等方面具有特殊的作用。

会议有规模大小和持续时间长短之分。会议的规模可以从几人到几万人，而持续时间长短也是因需而异的。根据会议规模大小和与会者的身份不同，会议可以简单地分为国际会议、洲际会议和国内会议。

会议的具体形式有大会、年会、例会、专门会议、代表会议、讲座、论坛、专题学术讨论会、研讨会、讨论会、讨论分析会、静修会和座谈会等。

（二）展览会

展览会，有时简称展览，它是一种既有市场性也有展示性的经济交换形式，是一种具有一定规模、定期在固定场所举办、参会人员来自不同地方的有组织的商业聚会。

展览会根据展览目的的不同大致可分为非营利性展览会和商业性展览会。非营利性展览会最大的特点是展示和信息交流，不进行交易。商业性展览会最大的特点就是在最短的时间和最小的空间，用最少的成本做最大的生意。

商业性展览会可分为如下五类：根据展览内容，可分为综合展览和专业展览；根据开放对象，可分为贸易展览和消费展览；根据展览规模，可分为国际、国家、地区、地方展，以及单个公司的独立展；按展览时间，可分为定期展览和不定期展览；按展览场地，可分为固定展览和流动展览。

在古代，展览曾在经济交流中起过重要的作用；在现代，它仍在很多方面发挥重要作用，包括宏观方面的经济、社会作用和微观方面的企业市场营销作用。展览一般由组展商、参展商、展览场馆、展览市场和参观展览的观众五大要素组成。首先，从展览的功能和市场潜力看，展览最主要的功能在于促进生产、发展贸易，既有市场性，又有展示性，绝大部分展览是以企业为参展商，以专业买家为观众的。所以，市场经济越发达，企业对交易的需求越旺盛，希望参展与观展的人就会越多，展览市场就越发达。其次，从展览的发展趋势看，现代展览已经不仅仅是商品的展示和交易。在展览会期间，主办方和参展方都会召开大量与展览相配合的专业会议，并且举行各式各样的活动以提高展览会的展示和交易效果。

（三）会展旅游

会展旅游，是指通过举办各种类型的大型国际展览会、博览会、交易会、运动会、招商会等，吸引大量游客来洽谈贸易、观光旅游，进行技术合作、信息交流、人员互访和文化交流，以此来带动旅游、交通、餐饮、商业等多项相关产业的发展。作为会展和旅游相互融合的新兴行业，会展旅游是一种高级的、特殊的旅游活动形式。根据不同的会展活动形态，会展旅游一般可以分为会议旅游、展览旅游、节事旅游和奖励旅游四种类型。其中，奖励旅游的蓬勃发展使会展旅游日渐成为会展活动中越来越重要的组成部分。奖励旅游是指由企业承担费用，组织相关人员前往某个目的地旅行，有时也一同举办公司会议。这类会展活动最早在美国兴起，很快在欧洲的英国、德国、意大利、法国等国家传播并流行开来。亚洲的奖励旅游市场虽然没有美国和欧洲发达，但其发展速度在不断加快。近几年来，我国一批大企业也开始组织大规模的海内外奖励旅游，带动了会展旅游市场的发展。

（四）节事活动

节事一词来自英文"Event"，含有"事件、节庆、活动"等多方面的含义。国外常常把节日（Festival）和特殊事件（Special Event）、盛事（Mega-Event）等合在一起作为一个整体，在英文中简称为FSE（Festivals & Special Events），中文译为"节日和特殊事件"，简称节事。节事活动分为体育运动会、政治性或纪念性庆典和传统喜庆等四种类型的活动，如奥运会、世界杯、国庆节、建军节，以及春节、端午节等。不同的活动要采取不同的形式和礼仪，如联欢晚会、文艺晚会、舞会、游园、花会、灯会、演讲会、座谈会、报告会、茶话会等。总之，节事活动可以从目的、内容、形式、功能和实质等方面来解释其内涵。从目的上来说，节事活动是通过节日庆祝、文化娱乐和市场营销，提高举办地的知名度和美誉度，树立举办地的良好形象，促进当地旅游业的发展，并以此带动区域或经济的发展。内容要求具有浓郁的文化韵味和地方特色，应根据当地的文化和传统特色来具体设计。形式要求生动活泼，具有亲和力，活动编排严谨、环环相扣、切合主题。从功能上来说，节事活动不仅是一种文化现象，更重要的是一种经济载体，节事活动应围绕经济活动的开展而做适当的调整。节事活动的实质是商业活动，举办期间大量的人流不仅使服务性行业收入迅速增长，还会促使交通、贸易、金融、通信等行业的发展。

（五）其他特殊活动

在实际生活中，还有一些会展活动并没有固定的举办周期，规模大小也不一，有的可能只举办一次，有的可能在不同的城市连续举办数次，如歌星的巡回演唱会和社会团体的重大庆典等。这些活动的规律性不强，一般称之为特殊活动。

把上面的这些活动称为会展活动是因为这些活动具备以下五个要素：

第一，特定的时间。会展活动的开展都是在一定时间内完成的，具有很强的时间性。这些活动都是在经过长时间的周密准备后，在某一事先计划好的时间段内进行的，这与行政组织或企业组织日常管理的"线"状活动不同，可以说是长期筹备、短期举办的"点"状活动。

第二，特定的空间。会展活动都会涉及人员的迁徙和流动，参加活动的人来自全国各地乃至全世界，这些人员借助各种交通工具来到活动举办地，并且在举办地进行住宿、交通、餐饮、娱乐等各种消费。

第三，特定的主题。会展活动都必须围绕一定的主题展开。典型的例子是各届世博会都有一个明确的主题，如日本 2005 年爱知世博会的主题是"超越发展：大自然智慧的再发现"，中国 2010 年上海世博会的主题是"城市，让生活更美好"。

第四，集聚性。会展活动的一个鲜明特点就是人流、物流、信息流以及资金流的高度集中。例如，展览会主办者把许多不同企业的商品云集到同一地点，同时把大量的观众集中到这里参观，参展商和客商在展厅中交换信息、洽谈贸易，既实现合作和买卖，又带动了信息流和资金流的集聚。

第五，目的性。任何一项会展活动都有一定的目的，而且要求实现某个特定的目标。例如，举办会议活动必须有明确的会议主题和目标，交易会以物品交换为目的，贸易展览会以交流信息、洽谈贸易为目的，宣传类展览会以宣传展示新产品、新科技、新成果为目的。

三、会展的特点

（一）集中性

信息的集中是会展的最大特点，这里的信息包括会议主题传达的信息和产品的信息。通过运作，组展者将许多不同企业的展品云集在同一个地方向大量观众展示。例如，专业的展览会通常是 3～5 天，在短短几天时间里，参展商可以接触到整个行业的大部分客户，获得很多有关客户的信息。参展商与观众的大量集中使得信息收集的成本大大降低。

（二）新颖性

这里的新不仅指在某次展会上，参展商可能会遇到新的潜在买家，观众将遇到新的供应商、新的产品和服务，而且指许多展会每届都有新的主题、新的亮点。

（三）艺术性

展览会的主办者和参展者都会通过运用声、光、色、形，以及文字、图像等艺术手段来布置展厅，以带给参展人群强烈的艺术美感的体验。会展活动的艺术特点让人们仿佛置身于艺术的海洋里，令人心旷神怡。

（四）综合性

在会展活动的进行中，展览往往与会议、各类节事活动密切结合，各种展览与会议、各类经贸活动、旅游、艺术节共同配合。这是会展产业不断发展和完善的体现，丰富了会展活动的内容，提高了活动的档次和品位，增加了活动的吸引力。

（五）亲历性

亲历性是会展活动的另一个重要特点。在会展活动进行中，人们不再仅仅满足从媒体上获取展会的状况和产品的信息，还要求亲自到达活动现场，体验服务，听取生产商的自我介绍，实地了解生产者提供产品的质量、外观和其他信息，就许多细节和生产者展开商谈。

另外，会展是一个涉及经济、社会等诸多方面的行业。会展业以其超常的关联影响和经济带动作用，成为经济发展关注的焦点。其产业带动能力强，综合效益高，有利于提升城市整体形象。

四、会展业的作用

会展业是以会议、展览为媒介，以在一定时期内聚集大量的人流、物流、资金流和信息流为手段，达到经济、社会等方面发展的行业。会展业通过会展公司或主办单位把参展商、购买商、观光者汇集起来，实现商品交易、产品宣传等目的。

会展业是综合性产业，具有明显的城市经济特征，涉及旅游、交通、邮政、广告、餐饮、住宿、通信等诸多行业。会展业还可增加大量的就业机会，所以会展业素有"城市的面包""城市经济的助推器"等美誉。

（一）会展业对旅游业的作用

会展业对旅游业的作用主要体现为会展业能形成会展旅游。这种旅游是指通过各种类型的会展而形成的各种旅游现象。其含义是指借举办各种类型的会展，以招揽会展客户洽谈业务、交流沟通和旅游参观访问，为他们提供食、住、行、游、购、娱等诸方面的优质服务，刺激他们消费，从而为当地创造经济效益、社会效益。

（二）会展业对酒店业的作用

酒店主要提供食、宿服务，其本身也可以作为会展的场所。会展业能够对酒店业的规模、效益、品牌产生积极影响。

第一，会展业能够推动酒店业发展。酒店业是受惠于会展业最多的行业。

第二，会展业能够引发酒店业投资热潮。大型会展往往蕴藏巨大的商机，吸引众多商家来投资酒店业。

第三，会展业能够促进酒店服务水平的升级。

第四，在会展业引发的会展经济下，酒店业无淡季。

第五，会展业能够为酒店树立品牌创造条件。

（三）会展业对餐饮业的作用

通常，会展在经济较发达的地方举办，其餐饮业相对较为活跃，会展业无疑又促进了该地经济进一步发展。餐饮业和旅游业、酒店业是紧密联系在一起的，会展消费中，餐饮消费仅次于购物消费。

（四）会展业对物流业的作用

物流是物品从供应地向接受地的实体流动过程。其根据实际需要，将运输、储存、搬运、包装、流通加工、配送、信息处理等基本功能有机结合。物流的总体目标是在最低的总成本条件下实现既定的服务。会展业能够促进物流业，尤其是第三方物流发展。

五、会展业发展的影响因素

会展业是指由会展经济运行而引起的相互联系、相互作用、相互影响的同类企业的总和，是现代经济体系的有机组成部分，已经成为世界各国瞩目的产业。会展业作为一种新兴产业类型，是市场经济发展到一定历史阶段的产物，是要素流动引发的必然结果。

会展业的形成，必须具备一定的经济、制度和社会文化等方面的条件。

（一）经济条件

生产力的高速发展，使要素的跨区域、跨国界移动成为可能，交易成本与流动费用低廉，是会展业形成的基本经济条件。

当国民生产总值和人均国民收入都达到或接近小康水平时，人们才有可能形成对会展产品的有效需求。经济体系受到约束，生产力低下，则会抑制人们对会展产品的消费，阻碍会展业的形成和发展。

会展业对基础设施有极大的依赖性。如果一个国家、一个地区、一个城市受到经济条件的限制，其基础设施不完整、不健全、不发达，在这样的环境中就不会有会展业的形成和发展。

会展业是商业活动高度发达、对外开放达到一定水平后的产物。一般而言，一个对外开放程度高、商业发达的国家和地区，必定是会展业发展迅速之地，而那些闭关自守、商业落后、经济体制落后的地方，要发展会展业就困难得多。

会展业的形成和发展，不仅受国内经济条件的影响，还会受到国际经济环境的影响。在全球化浪潮的冲击下，任何一个经济体系都不可能独立于外部世界而存在。

随着新技术革命的不断兴起，各国之间的分工得到进一步深化，多元化、多格局的国际经济发展态势已经形成。在全球化发展的同时，经济体系多极化趋势发展迅速。全球化和多极化发展，为会展业的形成和发展提供了更多的机遇和空间，尤其是对发展中国家有着极其深远的意义。

（二）制度条件

所谓制度条件，主要指经济制度的形态、变动规律及相关关系的协调。任何一类经济活动，如果得不到制度许可，甚至遭到禁绝，就谈不上什么发展。如果一个国家、一个地区的经济制度对会展活动缺乏必要的许可，会展业的发展也同样无从谈起。同时，经济制度的开放性，也是会展业形成和发展的需要，因为只有开放，才有可能在较为广阔的地域空间和市场上实现会展资源的有效配置。我国自改革开放以来，各种会展活动层出不穷，会展业也在进一步地形成和发展，这都是政府积极鼓励、扶植和实行对外开放政策的结果。

（三）社会文化条件

开放、包容的文化传统和稳定的社会秩序也是会展业形成和发展不可缺少的条件。在一个拒绝市场和商品的社会文化体系中，会展业不可能出现。只有当社会能够提供较为稳定的法律、法规和制度时，会展活动才能稳定有序地开展；只有社会开放和文化具有包容性，才能够吸收外部世界的优秀文化，反映各种风格、不同文化传统的会展活动才能得以开展。

第二节　会展策划的含义、特点和作用

一、会展策划的含义

会展策划要在会展活动开始的最初阶段进行，有时甚至贯穿会展活动始终，是一种有限的、提前的、指导的活动。

一般来说，一份完整的会展策划，基本上包括策划者、策划对象、策划依据、策划方案和策划效果评估等要素。

策划者在会展过程中起着"智囊"的作用，策划者的素质直接影响着会展成果的质量水平；策划对象既可以是某项整体会展活动，也可以是其中某一要素（如会展设计）；策划依据包括策划者的知识结构、信息储存以及有关策划对象的专业信息；策划方案是策划者为实现策划目标，针对策划对象而设计创意的一套策略、方法和步骤；策划效果评估是指对实施策划方案可能产生的效果进行预先的判断和评估。

会展策划诸要素之间互相影响、互相制约，构成一个完整的体系。进行会展策划的学习，有利于会展策划（设计）人才具有全局性、前瞻性的专业理念，在全球化的背景下，既能站在会展业的前沿，高屋建瓴地进行策划，又能掌握系统扎实的会展设计、管理等知识，从而更好地胜任会展策划及相关的工作。

二、会展策划的特点

（一）针对性

会展策划是具有针对性的活动，是会展理论在会展活动中的具体运用。在进行会展策划时，应首先明确会展活动应达到什么目的，它是针对什么问题而举办的会展。例如，有的会展以特定消费群体的生活方式为依据，具有鲜明的主题，这就要求在进行策划时必须围绕主题组织展品、开展活动。

（二）系统性

会展策划是针对整个会展活动的运筹规划，因此具有系统性的特点。进行会展策划时要针对会展的各方面、各个环节进行权衡，使企业目标特别是通过参展而实现的企业市场营销目标具有一致性，使其在产品、包装、品牌、价格、服务、渠道、推销、广告、促销、宣传等方面保持统一性。这样可以减少会展策划的随意性和无序性，提高效率。

随着会展理论研究的不断深入，近年来有学者提出"立体策划"的概念，可以说是会展策划系统性的一种表现。

（三）变异性

市场永远是变化的，会展策划必须充分考虑到市场的变化。例如，2003年春，突如其来的"非典"疫情打乱了几乎所有的会展计划，作为会展的策划者必须有充分的应对措施，才能适应这一变化。据悉，由于SARS的重创，中国会展业当年损失40亿元，占会展业全年收入的1/2。然而，当年的广交会开拓网络展览，其网上展览成交额达2.18亿美元，中国会展人首次学会了对危机说"不"。

（四）可行性

可行性是指会展策划方案在现实中要切实可行。没有可行性的策划方案写得再美也只是"纸上谈兵"。一般来说，会展策划方案必须经过分析论证才能实施。分析论证策划方案的可行性主要围绕策划的目标定位、实施方案以及经济效益等主要方面进行。

三、会展策划的作用

对于会展的组织者来说，会展策划是会展运作的核心环节；对于参展厂商来说，会展策划提供的是参展策略和具体计划。

（一）战略指导作用

策划是一种理性思维，以确保即将进行的活动有条不紊地按预定的目标进行。它是策划者为策划目标进行决策谋划、探索、设计多种备选方案的过程。

决策者以策划方案为基础，进行选择和决断，从而保证决策的程序化和科学化。

战略指导作用是指会展策划能为会展活动的执行提供总体的指导思想。

以展览策划为例，诸如展览场地、展会规模、展会的主题及时间的安排、展会品牌、主要合作伙伴（行业）等方面，在会展策划方案中都要事先提出详细的预案。

（二）实施规划作用

实施规划作用是指会展策划能为会展活动提供具体的行动计划。一般说来，会展策划方案通过之后，在具体的实施过程中可以根据情况适当调整，但会展活动运行的总体思路与要求是不会改变的，策划方案是会展活动实施的主要依据。

（三）进程制约作用

进程制约作用是指会展策划能安排并制约会展活动的进程。尤其大的会展活动，所涉及的工作千头万绪，在会展活动执行的进程中，必须严格按照策划所提出的方案进行工作，这样才能确保会展活动的顺利进行。

（四）效果控制作用

效果控制作用是指会展策划能预测、监督会展项目活动的效果。某一会展活动在执行过程中是否达到预期的效果，对照策划方案的相关要求就能够清晰看出。会展策划一方面能对会展活动的最终完成效果进行控制，另一方面也可对策划方案本身的可行性、合理性进行检验。

（五）规范运作作用

规范运作作用是指会展策划能使会展运作趋于科学、合理、规范。会展策划者在进行计划或规划之前，运用科学的策划运作程序对计划进行构思和设计，为计划的生成提供参考，有利于计划切实可行、预算投向可靠。

第三节　会展策划的主要内容

会展策划行为离不开市场，策划者必须以市场为导向，利用各种宣传、广告手段，营造商业氛围，形成市场声势，并利用各种关系和途径，建立起庞大的展会营销网络，进行广泛的市场推广和招展招商，最终令目标客户纷纷前来报名参加。在整个策划活动中，以专业的展会服务，赢得买家和卖家的支持与信赖十分重要。以展览为例,会展策划原则上应该使 80% 以上的参展商都达到参展目的,使 70% 以上的参观商都达到参观效果为标准。

会展策划是一项综合性的工程,它涉及的内容是多方面的。一般说来,会展策划的内容有会展的调查与分析、会展的决策与计划、会展的运作与实施、会展的效果评价与测定等。

一、会展的调查与分析

会展的市场调查是选定会展项目的重要依据。它是会展策划的基础,也是必不可少的第一步。

一般情况下,市场调查要根据本地、本区域的经济结构、产业结构、地理位置、交通状况和展会设施条件等特点,围绕市场进行调查。市场调查的主要内容包括会展环境的调查、会展企业情况的调查、会展项目情况的调查、会展市场竞争情况的调查,以及参观商、支持协助单位等情况的调查。只有在充分了解市场潜力、市场限制以及市场动态等信息的基础上,才能有的放矢地进行策划。

二、会展的决策与计划

做会展决定是一个决策的过程,应该掌握一定的策略。影响会展决策的要素有营销需要、市场条件、营销方式、内部条件等,会展的决策与计划应从分析决策的要素入手,确定会展的基本目标、集体目标和管理目标,然后决定展会的战略安排、市场安排、方式安排等。

三、会展的运作与实施

会展的运作与实施是进行会展的中心环节,也是会展策划的中心之所在。在这个阶段,会展策划人员根据会展策划书的计划与安排进行广告宣传工作、组织招展招商工作、进行会展设计工作以及会展相关活动。

会展宣传的主要方式包括媒体广告和户外广告。媒体广告包括专业媒体(如报纸、杂志、网站等)和大众媒体(如电视、电台、主导型报纸等)。主办者可以围绕不同的会展特点和亮点来进行宣传。户外广告，则是在人流量较大的公共场所，以海报、灯箱、广告牌、宣传布幅、彩旗等形式进行宣传。

组织招展招商工作要求充分宣传、认真选择。在招展招商的准备阶段，需要建立潜在客户名单，设计并发放参展说明书，熟知参展中的知识产权问题等。

会展设计工作一般包括：第一，按实际需要将工作分为招展招商组团、设计施工、展会运输、宣传联络、行政后勤、展台工作、后续工作七大类；第二，在各大类之下详细列明具体事项；第三，弄清工作之间的关系；第四，要定期检查工作进度和质量，及时发现并解决问题，以保证整体工作协调正常运作。

四、会展的效果评价与测定

计划、实施、评估，是现代经营管理的三个步骤。会展的效果评价与测定是全面验证会展策划实施情况必不可少的工作。当整个会展策划、实施工作结束后，会展人员应及时进行评估，总结经验，寻找问题，并写出评估测定工作总结报告，为以后会展工作准备可借鉴的历史参考文献，不断提高会展策划的水平。

会展评估工作一般包括两方面：一是对展会环境、展会筹办工作及展会后台工作进行评估，这一部分工作在展会结束时完成；二是对展会工作及展会前台工作进行评估，这一部分比较复杂，先在展会结束时针对展台工作进行评估，然后在展会的后续工作过程中跟踪评估。

第四节 会展策划的基本流程和基本方法

大型展会如世博会的策划，不仅要考虑经济因素，还要考虑政治因素、社会文化因素等。在我国，虽然展会市场化的进程在加快，但不少大型展览会还带有政府行为的色彩，其决策规划情况更加复杂。这里，参照国际展会的一般惯例，就一般展会的策划流程进行概述。

一、会展策划的基本流程

（一）成立策划小组

会展策划工作需要集合各方面人士进行集体决策，因此，首先要成立一个会展策划小组，具体负责会展策划工作。一般而言，会展策划小组应包括项目主管、策划人员、文案撰写人员、会展设计人员、市场调查人员、媒体联络人员和公关人员等。

项目主管一般由总经理、副总经理或业务部经理、创作总监、策划部经理等人担任。在会展公司里，项目主管具有特殊地位，他是沟通会展公司与展会服务承包商、参展商的中介。一方面，他代表会展公司与展会服务承包商、参展商等洽谈业务；另一方面，他又代表展会服务承包商、参展商等监督会展公司一切活动的开展。

策划人员一般由策划部的正副主管和业务骨干来承担，主要负责编拟会展计划。

文案撰写人员专门负责撰写各种会展文案，包括会展常用文书、会展业务社交文书、会展业务专用文书、会展业务推介文书、会展业务事务文书、会展业务合同协议文书、会展业务法律文书以及会展策划方案等。文案撰写人员应该具有很强的文字表述能力，并能够精确地领悟策划小组的集体意图。

会展设计人员专门负责进行各种类型视觉形象的设计。会展设计人员是策划小组的重要组成部分。因为在整个会展策划过程中，诸如各种类型的广告设计、展示设计、展示空间设计等都需要设计人员的参与。设计人员必须具有很强的领悟能力和将策划意图转化为文字、图画的能力。

市场调查人员应能进行各种复杂的市场行情调查，并能写出市场调查报告。

媒体联络人员要求熟悉各种媒体的优势、劣势、刊播价格，并且与媒体有良好的关系，能按照会展策划的部署，进行媒体规划，争取最佳的广告宣传效果。

公关人员应能够为会展公司创造融洽、和谐的公众关系氛围，获得各方面的支持帮助，同时能够从公关的角度提供建议。

在会展策划过程中，由项目主管负责，各方面人员需通力配合，协调一致，共同做好会展策划工作。

（二）进行市场调查

市场调查是以科学的方法，有系统、有计划、有组织地收集、调查、记录、整理、分析有关产品或劳务市场等信息，客观地测定与评价，发现各种事实，用以协助解决有关营销的问题，并作为各种营销决策的依据。

会展市场调查是会展策划的基础。从传播学的角度来看，市场调查是会展策划者为了解市场信息，把握市场动态，进而确定会展目标和主题，编写会展策划方案，选择会展策略，检查会展效果等所需的调研工作。只有在系统地收集有关市场与相关背景的资料，并加以科学概括分析基础上确立的会展策划，才能很好地实现其总体目标。

在执行市场调查时，不仅要考虑本区域的优势产业和主导产业，还要考虑重点发展中的行业、政府扶植的行业等。具体分析行业市场情况，要摸清市场的归属，即买方市场还是卖方市场等。

主办者需要将市场调研的重点放在以下四方面：市场前景分析，如政策可行性、市场规模及类型等；同类展会的竞争能力分析；本次展会的优势条件分析；潜在客户需求调查。

总之，在瞬息万变的市场中，如果没有科学的市场调研和预测做先导，会展的策划、运作就很难达到预期的目标。

（三）决定会展策略

在一般情况下，会展决策应考虑营销需求、市场条件、营销方式、内部条件等因素。在充分进行市场调研与预测之后，需要进行会展目标市场的定位与制订会展营销计划。以展览会为例，组织者在进行目标市场定位时需考虑以下因素：

第一，展览会的类型。组织者首先要明确自己所主办的是什么类型的展览会，因为政府主办的展览会、公益性质的展览会和商贸展览会在具体操作模式和策略的制定上有很大的区别。

第二，产业标准。导致展览目标市场定位复杂的原因之一是一次展览会往往要涉及多个产业。如举办一次汽车展览会，组织者除考虑汽车生产企业外，还要努力吸引销售、运输等汽车需求较大的企业，甚至一些研究机构等参与。

第三，地理细分。不同地区的参展商和专业观众有着不同的需求特征及营销反映，所以地理变量经常被作为划分展览市场的依据。在进行地理细分时，展会组织者不仅要分析不同国家的参展商对展览会的个性化要求，而且要弄清参展商在本国的具体分布，这样才能行之有效地进行决策。

第四，行为细分。行为细分是指根据参展商的参展动机、购买动机、购买状态或对展览会的态度等进行划分，其中参展动机被认为是进行展览市场细分的最佳起点。

决定会展策略应该在充分掌握现有相关资料的基础上进行，如宏观政策环境、企业经营实力、会展市场竞争状况、顾客满意程度等。

（四）确立媒体策略

现代社会是一个信息社会，人与人之间、企业与企业之间都需要交流，而信息交流的主要载体便是各种各样的媒体。实施有效的媒体策略对会展组织者至关重要。会展组织者往往根据有限的广告预算以及举办会议、展览会、节事活动的需要和条件，来选择合适的媒体。在选择媒体的类型时需要综合考虑目标受众的媒体习惯、产品性质、信息类型以及广告成本等因素。

在市场经济的冲击下，中国传媒的市场化步伐越来越快。市场化程度的提高，带来了媒体的迅速成长或衰落，会展专业媒体也不例外。因而，在制定具体的媒体策略时，必须分析媒体在会展活动中的成长策略。以展览活动为例，在制定策略上，要综合考虑媒体在宣传活动中、联系活动中以及提升展览企业形象活动中的成长策略等。

例如，若从提升城市形象的角度分析，在一次大型的国际会议、展览会或节事活动中，城市政府面向媒体的主要工作包括以下三点：

第一，在会展活动开始之前，政府需要媒体对展会前期的准备工作、展会的特点及创新性等做大量宣传报道，具体方式有举行记者招待会，或组织专家学者讨论并在专门的媒体上发表声明，以吸引市民和潜在专业观众的注意。

第二，在展会举办期间，继续组织有关媒体尤其是本地的主流报纸或电视台对会展活动做进一步宣传，以满足不同公众对此次活动的关注需要。

第三，活动结束之后，政府应该鼓励媒体对此次活动的效应和成果等做总结性的报道，以加深公众的印象，并达到提升城市形象的目的。

若从参展商与媒体的角度来说，在展会开幕之前，参展商除了可以通过直接邮寄等方式与客户联系并邀请对方光临自己的展台外，还要积极利用各种形式的媒体对本企业的参展活动做大量的宣传，可以在报纸、杂志或参展手册上刊登广告，也可以利用展会主办者发行的展会快讯宣传和介绍企业参展产品，以吸引专业买家来洽谈。在展会期间，还可以通过别出心裁的现场表演、公关事件，或召开新产品推介会，来吸引媒体和专业观众的广泛关注。

另外，为推广企业的品牌形象或提高产品的知名度，参展商必须与媒体保持良好的关系，并积极提供有价值的新闻，争取让媒体在展会期间对本企业给予更多的报道。

纵观现有的会展杂志、报纸及网站的竞争格局和特点可以发现，专业刊物正走向多元化，刊物定位也更加鲜明，媒体的形式丰富多彩，互联网正在被广泛应用，因而，在会展的媒体策略的制定上，必须与时俱进，选择更加有效的媒体策略。

（五）制定设计策略

一般而言，较大的展会活动，会展的有关设计问题在开展前几个月就开始了。

从参展商的角度来说，设计不仅仅是一个展台设计的问题，在策划阶段就要考虑设计展览结构，取得展览公司的设计批准，制作展会宣传册等。

展台设计根据情况要求有不同的设计原则、功能区分，所以其设计的策略也是千变万化的。

我们以宣传材料的设计与制作为例。对于参展商来说，狭义的宣传材料主要指各种文字资料，如宣传册页、新闻稿件等。而事实上，宣传材料不限于现场分发给观众或记者的文字资料，它还包括很多形式，如直接邮寄资料、产品介绍、DVD、纪念包（手提袋）、酒店的户外广告或展会的每日快讯等。

在宣传材料外观的设计上，必须尊重整体风格，同时，要能形成强大的视觉冲击力。外观设计主要是解决材料的形状和大小两个问题，并要求设计富有人性化，便于携带。

（六）制订预算方案

良好的财务管理和预算控制是筹办会展最重要的因素之一，如果安排得当不仅能起到增加收益、提高效益的作用，而且能使管理者了解收入的来源及比例。预算是协助举办方实现财务目标的一个工具。会展在制定预算时必须做到有计划、有步骤，不断更新信息。

一般来说，制定一份会展预算至少包括以下四方面的内容：

第一，历史数据。回顾过去的工作，以便制定出相对精确的新预算。

第二，行政管理费。包括项目共享的费用如工资、奖金和复印、电话、信函来往、计算机等要支付的费用。

第三，收益。即预算带来的收入，包括拨款、预算、注册费、出售展品和纪念品的收入、赞助等。

第四，固定费用和可变费用，如印刷和邮寄宣传资料所需的费用，如餐饮费等。

由于预算是根据估计而制定的，因此不一定准确，需要不断地调整。

在会展中，为了衡量一个项目的财务成果，必须设置一个用于实现既定财务目标的预算开支。预算采用的方式，可视具体情况而定。

（七）撰写策划方案

会展策划就是会展的策略规划，为了会展的成功举办，必须对会展的整体性和未来性的策略进行规划。它包括从构想、分析、归纳、判断，一直到拟定策略、实施方案、事后追踪与评估过程。

会展策划与计划不同，它有为达到目的的各种构想。这些构想和创意是新颖的，与目标保持一致的方向，有实现的可能。把策划过程用文字完整地记录下来就是会展策划方案。

广义的会展策划方案可以涵盖经市场调查而产生的可行性研究报告、项目意向书、项目建议书以及广告策划方案、宣传手册等，包括围绕某次会展的展前、展期、展后所有的策划方案。

（八）实施效果评估

展会的效果是长期的。展出者在重视并投入很大力量进行展台设计、产品展示、展览宣传、展台接待和推销等工作的同时，也应当投入相当的力量做会展后续工作。如果说会展相当于"播种"，建立新的客户关系，会展的后续工作就相当于"耕耘"与"收获"，将新的关系发展为实际的客户关系。会展的后续工作有很多，实施效果评估是其中的重要一环。

会展的效果评估内容也很丰富。有展会工作评估和展会效果评估。展会效果评估需要由展出者自己安排或委托专业评估公司来做。展会效果的评估内容有定性的内容也有定量的内容，条件许可的情况下尽量用定量的评估内容，这样能使评估的结果更客观、更有价值。

二、会展策划的基本方法

会展策划的方法是多种多样的，到底选择何种方法进行策划，不仅要看会展策划团队所能利用的资源条件如何，更要看策划者本身所具备的学识、能力和素养。

（一）系统方法

系统方法的主要原理是把实物看成一个完整的系统。这个系统既包括自身组成要素的各个方面，又包括各要素间的联系以及各相关实物间的关系与地位。系统的方法要求从系统的一方面或几方面或整体出发，对策划对象进行不同角度的整体分析。

系统方法通常有以下五个步骤：

第一，确定策划目标。从系统的整体要求出发，提出需要解决的中心问题，确定会展活动所必须达到的目标与希望达到的目标。

第二，综合拟订方案。根据既定的会展策划目标，拟订可以实现的各种方案。

第三，分析评价方案。策划所形成的各种方案各有优缺点，应该通过分析、比较和评估，确定具有最佳价值标准，满意程度高的方案。

第四，系统选择，策划优选。通过综合分析、比较和计算，从诸多备选方案中选出最优化的方案。会展策划人员应该提出书面的策划报告，由会展项目主管部门决定最终方案。

第五，跟踪实施、调整方案。策划人员应该跟踪方案执行情况，以便及时发现问题，修改、补充原方案，最终实现策划目标。

（二）头脑风暴法

头脑风暴法是指采用会议的形式，如召集专家开座谈会征询意见，把专家对过去历史资料的解释以及对未来的分析，有条理地组织起来，最终由策划者得出统一的结论，在这个基础上，找出各种问题的症结所在，提出针对具体项目的策划创意。

举办策划会议时，策划人要充分说明策划的主题，提供必要的相关信息，创造一个自由的空间，让各位专家充分表达自己的想法。为此，参加会议的专家的地位应当相当，以免产生权威效应，从而影响另一部分专家创造性思维的发挥。专家人数不应过多，应尽量适中，因为人数过多，策划成本会相应增大，一般 5 ~ 12 人比较合适。再者，会议的时间也应当适中：时间过长，容易偏离策划方案的主题；时间太短，策划者很难获取充分的信息。这种策划方法要求策划者具备很强的组织能力、民主作风与指导艺术，能够抓住策划的主题，调节讨论气氛，调动专家们的兴奋点，从而更好地挖掘专家们潜在的智慧。

头脑风暴法的优点是：获取广泛的信息、创意，互相启发，集思广益，在大脑中掀起思考的风暴，从而启发策划人的思维，想出优秀的策划方案来。

（三）德尔菲法

德尔菲法是指采用函询的方法或电话、网络的方式，反复咨询专家们的建议，然后由策划人做出统计，如果结果不趋向一致，那么就再征询专家，直至得出比较统一的方案。这种策划方法的优点是：专家们互不见面，不会产生权威压力，可以自由充分地发表自己的意见，从而得出比较客观的策划方案。

运用这种策划方法时，要求专家具备与策划主题相关的专业知识，熟悉市场情况，精通策划业务操作。根据专家的意见得出结果后，策划人需要对结果进行统计处理。但是这种方法缺乏客观标准，主要凭专家判断，再者由于次数较多、反馈时间较长，有的专家可能因工作忙或其他原因中途退出，影响策划的准确性。

（四）智能放大法

智能放大法是指对事物有全面而科学的认识，然后在这种认识的基础上对事物的发展做夸张的设想，运用这种设想对具体项目进行策划。

由于这种方法受到一定的时间、地点以及人文条件的限制，具体操作要靠策划人自己来准确把握。这种策划方法容易引起公众的议论，形成公众舆论的焦点，进而很快拓展其知名度，成为炒作的原材料。"没有想不到的，只有做不到的"是这种策划方法的原则。但是这种策划方法并不是一味地往大处想，而是在现有的客观条件下，合理地考虑到公众的心理承受力。这就是说，智能放大法是有一定风险的，太过于夸张，容易导致策划向反方向发展，从而彻底改变策划的初衷。

需要指出的是，不论采取哪种策划方法，都必须围绕会展目标进行。从根本上来说，会展策划是调动一切可能利用的资源，运用科学合理的方法与手段，对会展项目的开展进行筹划、指导运作、实施的过程。会展策划所采用的方法得当，往往是策划方案是否可行的重要因素。

总之，会展作为一种营销方式，在开拓市场、巩固市场等方面发挥着重要作用。但是会展是一项复杂、浩繁的工程，它的工作环节很多，为了保证其可行、顺利、有效地展开，必须重视会展的策划工作。有学者指出，只有当会展被当作最有效的营销方式时才会决定举办会展，而在决定后，能激发创意，有效地运用手中的资源，选定可行的方案，达到预期目标或解决一个难题，就是策划。会展策划在整个会展过程中扮演着重要角色。

第二章　会展策划的可行性分析

会展项目立项策划就是根据掌握的各种信息，对即将举办的展览会的有关事宜进行初步规划，设计出展览会的基本框架，提出计划举办的展览会的初步规划内容。这些内容主要包括：展览会名称和地点、办展机构、展出范围、办展时间、展出规模、展览会定位、招商与招展计划、宣传推广计划、展览会进度计划、现场管理计划、相关活动计划等。

会展活动是一项复杂而系统的工程，其成功的一个关键因素在于选题立项策划的科学性与合理性，而选题立项策划的基础是充分的市场调查，在掌握了足够的市场信息和相关的产业信息之后，展览目标与题材的选择、展会主题的确立以及具体展会项目立项策划都是策划举办展会必不可少的环节。

第一节　展览会主题的确定

充分收集信息并进行分析之后，我们才可以确定展会的主题。确定展览会主题对于要计划举办的展览会来说是十分重要的。它不仅关系到展览会的展出范围、展出规模，还将关系到展览会未来的发展前景。为此，在展览会立项策划过程中，要认真对待这项工作，准确无误地确定展览会的主题。

一、确定展览会主题需要考虑的几个主要因素

（一）产业结构因素

产业结构因素主要是考虑展览会举办城市及周边地区的经济结构和产业结构等状况，这对最后决定是否进入该城市举办展览会将有着重要的作用。

（二）主导产业因素

主导产业因素就是在要进入某城市举办展览会时，要考虑的产业排列顺序

为：该城市及其周边地区的优势产业、主导产业、国家或当地重点发展产业和政府扶持的产业。

（三）城市自然因素

城市自然因素主要包括展览会举办城市的辐射能力、地理位置、航空与铁路交通状况、城市接待能力和展览设施等。

（四）市场细分因素

市场细分就是按照消费者的需求和欲望，把整个市场分成几个或若干个子市场。通过市场细分，办展机构可以分析和把握市场机会，找到自己的目标市场，并找出适合自己举办展览会的行业。

二、细分市场分析与预测

通过市场细分为办展机构找到了进入某一行业举办展览会的市场机会，但是否真正决定进入该行业举办展览会，还必须对该细分市场进行仔细分析和预测。经过分析，得出的结果是该行业确实存在举办展览会的机会，并具有较好的发展前景，就可以举办该题材的展览会。一般来说，主要从以下五方面对行业细分市场进行分析和预测。

（一）产业市场规模是否够大

展览会的展出规模由参展企业的数量来决定。如果产业市场规模过小，产业内企业的数量自然不会多，将来参加展览会的企业也就少。在这种情况下，办展机构进入该行业举办展览会要慎重。

（二）产业市场是否具有较好的发展前景

任何一个市场都有一个培育和发展的过程。如果该行业市场目前的规模不是太大，但经过分析和预测，该市场近几年的增长率比较高，确实具有较好的发展前景，这时就可以抢占商机，进入该行业举办展览会。这样做，虽然目前展览会的规模不大，但随着该行业市场规模的不断扩大和行业内企业数量的增多，举办几届展览会之后，其展出规模也一定会随之而扩大。

（三）行业市场是否能给企业带来合理的利润

行业市场是否能给企业带来合理的利润主要包括两方面的内容：一个是在注意分析和预测细分市场的规模和发展前景的同时，还要注意分析和预测该市场是否能给行业内的企业带来一定的经济效益；另一个就是分析在该行业举办展览会是否能给办展机构带来利润。如果在一定时间内不能给办展机构带来相应的经济效益，办展机构就无法生存，就更没有必要进入该行业举办展览会了。

（四）行业市场的竞争态势

1.行业市场内企业之间的竞争态势

如果该市场的大部分份额由少数几家大型企业占据，他们对展览会关注度又不是太高，在这种情况下，即使进入该行业市场举办展览会，也一定会困难重重。

2.办展机构之间的竞争态势

在进入该市场之前，是否已经有其他办展机构进入。如果有，只有在分析了其优势、劣势及其办展策略后，才能决定是否进入该市场。

3.细分市场的竞争自由度

细分市场的竞争自由度给业内企业带来的经济效益比较丰厚，当进入该市场举办展览会时，需保持高度警惕，密切关注市场的发展动态，积极应对实力强大的其他办展机构的进入。

（五）办展机构的资源优势

办展机构在进入一个新行业举办展览会之前，必须对自己所占有的各种办展资源进行认真、客观的分析。这些资源优势主要包括：政府部门和行业管理部门支持力度优势，客户资源优势，办展策划、组织、实施与服务优势，以及办展机构的资金支撑优势等。任何办展机构都不可能是全能的，每个办展机构都有自己的优势和劣势，在进入一个新行业举办展览会之前，应对自己的办展资源进行科学和准确的评估，以便为自己进入新行业成功举办展览会提供有力的保证。

三、确定展览会主题常用的四种方法

确定展览会主题，通常可以从以下四种题材中选取和提炼。

（一）全新题材

全新题材是指办展机构在从未涉足过的新行业里举办展览会。进入一个新行业举办展览会，其工作难度加大，并具有一定的挑战性，但对展览会组织机构而言，也会有不少好处。一般来说，办展机构进入一个新行业举办展览会需要具备以下五个条件：

1. 办展机构要占有一定数量的行业信息资源

这些行业信息必须准确，来源要可靠，并具有时效性。也就是说，这些信息基本上能反映出该行业和行业市场的现状与未来发展走向。

2. 办展机构要具备一定数量的展览会所涉及行业的企业资源

这主要关系到展览会的招商招展工作是否能顺利进行，以及制定展览会的整体发展策略。

3. 办展机构要具备一定可利用的社会资源

这些社会资源主要包括政府主管部门和行业协会等机构。有些时候，这些部门支持力度的大小往往会直接影响到展览会的展出规模和影响力的大小，甚至会关系到一个展览会的命运。这一点对一个新举办的展览会显得尤为重要。

4. 办展机构要有一定的专业人才

这里所说的专业人才不是指办展专业人才，而是指展览会涉及行业的专业人才。办展机构进入一个陌生行业办展，必须掌握一定的专业知识，还要了解该行业市场的竞争规则。

5. 办展机构要具备一定资金优势

就一个新展览会而言，一般前期投入都比较大，甚至前几届会出现收支平衡或亏损的状况。这当然与办展机构对展览会的定位有着直接的关系。无论如何，没有一定数额的资金支持，该展览会的发展前景再好也很难继续举办下去。

相对而言，具备上述这五个条件的办展机构进入一个新行业举办展览会的市场风险会大大降低，成功的概率也会相应提高。

（二）分离题材

分离题材是指按照目前市场细分的原则，把原有展览会中归属于某一细分市场的企业或者展品分离出来，举办一个独立的展览会。采用这种"一分为二"的策略，通常要满足以下五个条件：

1. 规模条件

规模条件主要是指原有的展览会已经发展到一定的规模，某一细分题材在原有的展览会中已经占有一定的比重，并呈现出迅速发展的态势。

2. 客观条件

客观条件主要是由于场地限制、展览会定位等，某一细分题材在原有的展览会中已经很难再进一步扩大，如果将这一细分题材分离出来单独举办，将会有更大的发展空间。

3. 题材细分条件

某一细分题材在原有展览会中虽然占的面积比较大，但将其从中分离出来，原有展览会不会受到太大的影响，而且原有展览会还可以得到更大的发展空间。

4. 产业发展条件

根据产业结构的发展，这一细分题材已发展成为一个相对独立的产业，使其分离出来，更适合独立办展，并具有一定的发展潜力。

5. 资金支撑条件

资金支撑条件主要指办展机构要具备足够的资金、专业人才和技术优势来培育这一独立的展览会。

总之，采用这种方式对原有展览会进行分离，必须遵循有利于两个展览会共同发展的原则。

（三）扩展题材

扩展题材是指将现有展览会还没有涵盖的那些与现有展览会题材有密切关联的题材纳入现有展览会题材的一种方法。在展览会的组织、实施过程中，展览会组织机构常常会采用这种方法来扩大参展企业数量和观众来源，扩大展览会的展出规模，使现有展览会的题材更具完整性、专业性和行业代表性。对一个现有展览会进行扩大展出范围、补充新的展览题材时，必须以满足以下三个条件为前提：

1. 关联性

新补充的细分题材必须与现有展览会的题材有一定的关联性。不能单纯为了扩展而扩展，避免盲目扩展。

2. 有效补充性

新增加的细分题材是对现有展览会的有效补充，不会因为新细分题材的加入，而影响到现有展览会的专业性和达标性。

3. 展出场馆的可利用性

展出场馆要有足够的发展空间，新补充的细分题材不可挤占现有展览会的展出空间，并且新细分题材的加入不会影响到现有展览会的整体展出效果。

（四）合并题材

合并题材是指将两个或两个以上题材相同或近似的展览会合并为一个展览会或者是按照产业的关联性把两个或两个以上彼此相同的细分展览题材分离出来，形成另一个全新的展览会。为了使合并题材达到预期的效果，降低市场和经营风险，在展览题材合并时一般要考虑以下因素：

1. 近似性与关联性

近似性与关联性是指合并的题材必须是同一或近似行业，并且它们之间一定要有很强的关联性。

2. 不利影响的规避性

不利影响的规避性是指在合并题材涉及两个或两个以上展览会时，要采取切实可行的相应对策，将题材合并给各展览会带来的不利影响降到最低程度。

3. 时机性

时机性是指要根据行业产品的市场营销规律，选择最佳合并的时机，使合并后的展览会能被行业内企业所了解和接受，并能提高他们参展和参观的积极性。

4. 互利互惠性

互利互惠性就是当题材合并在两个或两个以上的办展机构之间进行时，办展机构之间应本着平等合作和互利互惠的原则，在题材合并前要商定彼此之间的责权范围和利益分配方案。否则，将会影响展览会的组织与实施。

第二节 会展项目立项策划书

会展项目立项策划书是为策划举办一个新会展而提出的一套规划、策略和方法，它是对会展立项策划各项内容的归纳和总结。

项目立项是行业分析和项目构思的结果，必须考虑周全。展览组织者策划一届展览会，首先要明确举办一个什么性质、什么主题的展会，然后做一个初步的构想，包括展出的内容、时间、场地、展台售价、合作伙伴以及目标客户等，分析其与自身的能力和目标是否吻合。如果主办方经过评估认为值得，则需要通过可行性分析对展览会进行更具体的审核。

一、会展项目立项策划书的内容结构

一般来说，会展项目立项策划书主要包括以下内容：一是办展的市场环境分析。包括：对展会展览题材所在产业和市场的情况分析，对国家有关法律、政策的分析，对相关展会的情况的分析，对展会举办地市场的分析等。二是提出展会的基本框架。包括：展会的名称和举办地点、办展机构的组成、展品范围、办展时间、办展频率、展会规模和展会定位等。三是其他内容。包括展会价格及初步预算方案、展会工作人员分工计划、展会招展计划、展会招商计划、展会宣传推广计划、展会筹备进度计划、展会服务商安排计划、展会开幕和现场管理计划、展会期间举办的相关活动计划和展会结算计划等。

二、会展项目立项策划书的基本要素及写作方法

（一）会展的名称

会展的名称一般包括三方面的内容，即基本部分、限定部分与行业标识。

1. 基本部分

用来表明展览会的性质和特征。常用词有：展览会、博览会、展销会、交易会和节等。一般来说，展览会是以贸易和展示宣传为主要目的的展会，专业性较强，展览现场一般不准零售；博览会是指以展示宣传和贸易为主要目的的展会，展览的题材多而广泛，专业性不强，展览现场一般也不准零售；展销会是指以现场零售为主要目的的展会；交易会和节的含义较广，同时具有展览会、博览会、展销会三者的含义。

需要指出的是，尽管以上不同类型展会的功能有所区别，但在实际操作中，有混用的现象，都用来表示展会。

2. 限定部分

用来说明展会举办的时间、地点和展会的规模、性质。常用的时间表示法有"届"、"年"和"季"等，如"第十八届中国北京国际科技产业博览会"，限定部分是"第十八届"和"中国北京国际"。

3. 行业标识

用来表明展览题材和展品范围。行业标识通常是一个产业的名称，或者是一个产业中的某一个产品大类。如"第十六届中国国际机械工业展览会"，其行业标识是"机械工业"。

让我们来看一个例子："第十一届北京国际广告技术设备展览会"，其基本部分是"展览会"，限定部分是"第十一届"和"北京国际"，行业标识是"广告"。

（二）办展机构

办展机构是指负责展会的组织、策划、招展和招商等事宜的有关单位。办展机构可以是企业、行业协会、政府部门和新闻媒体等。一个展览会的办展机构一般有以下四种：主办单位、承办单位、协办单位、支持单位等。

1. 主办单位

主办单位是指拥有展会并对展会承担主要法律责任的办展单位。主办单位在法律上拥有会展的所有权。例如，"上海国际工业博览会"其主办单位由国家发展改革委员会、商务部、工业和信息化部、科学技术部、中国科学院、中国工程院、中国贸易促进委员会以及上海市人民政府等多家单位组成。但这些主办单位不参与会展的实际策划、组织、操作和管理。

2. 承办单位

承办单位是指直接负责展会的策划、组织、操作与管理，并对展会承担主要财务责任的办展单位。承办单位是办展机构中较为核心的单位。例如，"第二十届大连国际汽车工业展览会"其承办单位为中国国际贸易促进委员会大连分会和大连国际商会展览公司。

3. 协办单位

协办单位是指协助主办或承办单位负责展会的策划、组织、操作与管理，部分地承担展会的招展、招商和宣传推广工作的办展单位。

4. 支持单位

支持单位是指对展会主办或承办单位的展会策划、组织、操作与管理，或者是对招展、招商和宣传推广等工作起支持作用的办展单位。

对于一个展览会来说，主办单位和承办单位是最为核心和最为重要的办展机构，是必不可少的。协办单位与支持单位可视展会的实际需要来定。

（三）办展时间

办展时间主要解决三个问题：一是什么时间为最佳办展期，二是展览时长多长合适，三是展览周期问题。

1. 展览时间的确定

要掌握市场对目标展品需求的季节变化，选择适当的时间办展。如市场对服装这一产品需求的季节性变化很大，服装展就必须充分考虑这一情况；又如高校毕业生人才洽谈会，应当充分考虑用人单位的需求和高校学生的毕业时间因素。

2. 展览时长的确定

一般来说，在参观人数基本固定的前提下，展览时间越长，各项支出就越多，成本就越高，效益就越低。反之，成本就越低，效益就越好。国际上许多专业展会的展览时间一般为 3 天。

3. 展览周期的确定

展览周期应根据市场需求来确定。如中国进出口商品交易会（广交会）原来是一年一届，由于市场需求旺盛，现已改为一年两届，每届三期。

展会周期还有根据气候因素来决定的。由于春秋两季气候宜人，许多展览会放在 3 ～ 6 月或 9 ～ 12 月举行。

（四）举办地点

会展的举办地点，包括三方面的内容：一是会展在哪个国家，哪个城市举办；二是会展在哪一类场馆举办，如酒店、展览馆、会议中心等；三是确定在哪一个场馆举办。

展会选择在哪个国家和城市举办，是与展会的展览题材、展会的性质和展会的定位分不开的。一般的选址总是在交通便利和较重要的经济中心。国际性的展会，一般应在对外交通和海关比较便利的地方举办，这样可以方便海外企业参展和观众参观。

在具体选择展馆时，还要综合考虑使用展馆成本的大小如何、展期安排是否符合自己的要求以及展馆本身的设施和服务水平等因素。

（五）展品范围

展会的展品范围要根据展会的定位、办展机构的优劣势和其他多种因素来确定。根据展会的定位，展品范围可以包括一个或者是几个产业，或者是一个产业中的一个或几个产品大类。例如，"博览会"和"交易会"的展品范围就很广，几乎无所不包，而德国"法兰克福国际汽车展览会"的展品范围涉及的产业就很少。

（六）办展频率

办展频率是指展会是一年举办几次还是几年举办一次，或者是不定期举办。从展览业的实际情况看，一年举办一次的展会最多，约占全部展会数量的80%，一年举办两次和两年举办一次的展会也不少，不定期举办的展会已经是越来越少了。

办展频率的确定受展览题材所在产业的特征的制约。几乎每个产业的产品都有一个生命周期，产品的生命周期对展会的办展频率有重大影响。

产品的投入期和成长期是企业参展的黄金时期，展会的办展频率要牢牢抓住这两个时期。

（七）展会规模

展会规模包括三方面的含义：一是展会的展览面积是多少，二是参展单位的数量是多少，三是参观展会的观众有多少。在策划举办一个展会时，对这三方面都要做出预测和规划。

在规划展会规模时，要充分考虑产业的特征。展会规模的大小还会受到展会观众数量和质量的限制。

（八）展会定位

通俗地讲，展会定位就是要清晰地告诉参展企业和观众本展会"是什么"和"有什么"。具体地说，展会定位就是办展机构根据自身的资源条件和市场竞争状况，通过建立和发展展会的差异化竞争优势，使自己举办的展会在参展企业和观众的心目中形成一个鲜明而独特的印象的过程。

展会定位要明确展会的目标参展商和观众、办展目标、展会的主题等。

（九）展会价格和展会初步预算

展会价格就是为展会的展位出租制定一个合适的价格。展会展位的价格往往包括室内展场的价格和室外展场的价格，室内展场的价格又分为空地价格和标准层位的价格。

在制定展会的价格时，一般遵循"优地优价"的原则，即那些便于展示和观众流量大的展位的价格往往要高一些。展会初步预算是对举办展会所需要的各种费用和举办展会预期获得的收入进行的初步预算。

在策划举办展会时，要根据市场情况给展会确定一个合适的价格，这样对吸引目标参展商参加展会十分重要。

（十）人员分工、招展招商和宣传推广计划

人员分工计划、招展计划、招商计划和宣传推广计划是展会的具体实施计划，这四个计划在具体实施时会互相影响。人员分工计划是指对展会工作人员的工作进行统筹安排。招展计划是指为招揽企业参展而制定的各种策略、措施和办法。招商计划是指为招揽观众参观而制定的各种策略、措施和办法。宣传推广计划则主要为建立展会品牌和树立展会形象，以及展会的招展和招商服务。

（十一）展会进度计划、现场管理计划和相关活动计划

展会进度计划是指在时间上对展会的招展、招商、宣传推广和展位划分等工作进行的统筹安排。它明确在展会的筹办过程中，到什么阶段就应该完成哪些工作，直到展会成功举办。展会进度计划安排得好，展会筹备的各项准备工作就能有条不紊地进行。

现场管理计划是指展会开幕后对展会现场进行有效管理的各种计划安排，它一般包括展会开幕计划、展会展场管理计划、观众登记计划和撤展计划等。现场管理计划安排得好，展会现场将井然有序，秩序良好。

展会相关活动计划是指对准备在展会期间同期举办的各种相关活动做出的计划安排。与展会同期举办的相关活动最常见的有技术交流会、研讨会和各种表演等，它们是展会的有益补充。

第三节　会展项目立项可行性研究

完成了会展项目立项策划书，并不意味着该立项的会展就可以举办了。项目立项只是对举办什么题材的展会和如何举办该展会提出了一个初步的意见，制订了初步的方案，至于该展会是否真的可以举办和该方案是否真的可行，还需要对该展会项目及方案进行可行性分析。可行性分析的结论及其他必须考虑的因素，才是决定最后是否可以举办该展会的最终依据。可行性分析完成之后，要形成可行性研究报告。

一、会展项目立项可行性分析的内容结构

（一）市场环境分析

市场环境分析包括宏观市场环境分析、微观市场环境分析和市场环境评价。

宏观市场环境包括对人口环境、经济环境、技术环境、政治法律环境、社会文化环境等的分析。

微观市场环境包括对办展机构内部环境、目标客户、竞争者、营销中介、服务商、社会公众等的分析。

市场环境评价一般采用SWOT分析法，即内部优势、内部劣势、外部机会、外部威胁分析。

（二）展会项目生命力分析

展会项目生命力分析包括项目发展空间分析、项目竞争力分析等。

项目发展空间分析即对举办该展会所依托的产业空间、市场空间、地域空间、政策空间等进行分析。

项目竞争力分析包括对展会定位的号召力、办展机构的品牌影响力、参展商和观众的构成、展会价格、展会服务等进行分析。

（三）展会执行方案分析

展会执行方案分析包括对计划举办的展会的基本框架进行评估、对招展招商和宣传推广计划进行评估。

对计划举办的展会的基本框架进行分析包括：展会名称和展会的展品范围、展会定位之间是否有冲突，办展时间、办展频率是否符合展品范围所在产业的特征，展会的举办地点是否适合举办该展品范围所在产业的展会，在展会展品范围所在产业里能否举办如此规模和定位的展会，展会的办展机构在计划的办展时间内能否举办如此规模和定位的展会，办展机构对展会展品范围所在的产业是否熟悉，展会定位与展会规模之间是否有冲突。

对招展招商和宣传推广计划进行评估包括招展计划评估、招商计划评估、宣传推广计划评估。

（四）展会项目财务分析

1. 成本预测

举办一个展会的成本费用一般包括：①展览场地费用。即租用展览场馆以及由此而产生的各种费用。这些费用包括展览场地租金、展馆空调费、层位特装费、标准层位搭建费、展馆地毯及铺设地毯的费用、展位搭装加班费等。②展会宣传推广费。包括广告宣传费、展会资料设计和印刷费、资料邮寄费、新闻发布会的费用等。③招展和招商的费用。④相关活动的费用。包括技术交流会、研讨会、展会开幕式、嘉宾接待、酒会、展会现场布置、礼品、请展会临时工作人员的费用等。⑤办公费用和人员费用。⑥税收。⑦其他不可预测的费用。

2. 收入预测

举办一个展会的收入一般包括：①展位费收入。②门票收入。③广告和企业赞助收入。④其他相关收入。⑤盈亏平衡分析。⑥现金流量分析。⑦净现值分析。⑧净现值率分析。⑨获利指数。⑩内部收益率。⑪风险预测。包括市场风险、经营风险、财务风险和合作风险。

二、会展项目立项可行性研究报告的写作要求

会展项目立项可行性研究报告是办展机构进行决策是否要举办该展会的重要依据，因此，会展项目立项可行性研究报告的写作必须做到材料真实充分，分析客观科学，判断准确有理。

（一）市场环境分析

市场环境分析是展会立项可行性分析的第一步，它是指根据展会立项策划提出的展会举办方案，在已经掌握的各种信息的基础上，进一步分析和论证举办展会的各种市场条件是否具备，是否有举办该展会所需要的各种政策基础和社会基础。市场环境分析不仅要研究各种现有的市场条件，还要对其未来的变化和发展趋势做出预测，使立项可行性分析得出的结论更加科学合理。

（二）展会项目生命力分析

市场环境分析是从计划举办的展会项目的外部因素出发来分析举办该展会的条件是否具备。展会项目生命力分析则是从计划举办的展会项目的本身出发，分析该展会是否有发展前途。分析展会项目的生命力，不是只分析展会举办一届或两届的生命力，而是要分析该展会的长期生命力，即要分析如果本展会举

办超过五届以上，是否还有发展前途的问题。

（三）展会执行方案分析

展会执行方案分析是从计划举办的展会项目的本身出发，分析该展会项目立项计划准备实施的各种执行方案是否完备，是否能保证该展会计划目标的实现。展会执行方案分析的对象是该展会的各种执行方案，分析的重点是各种执行方案是否合理、是否完备和是否可行。

需要强调的一点是，对展会基本框架进行评估，重点不是分析构成展会基本框架的某一个因素的策划安排是否合理和可行，而是从总体上分析展会基本框架是否合理和可行。因为，尽管对构成展会基本框架的每一个因素的策划安排可能是合理和可行的，但由这些因素所构成的展会基本框架从总体上看却可能是不合理和不可行的。所以，要避免这种"个体合理，群体冲突"现象的出现，对展会基本框架进行评估就十分重要。

（四）展会项目财务分析

展会项目财务分析是从办展机构财务的角度出发，分析测算举办该展会的费用支出和收益。展会项目财务分析的主要目的是分析计划举办的展会是否经济可行，并为即将举办的展会指定资金使用规划。

（五）风险预测

从展会立项可行性分析的角度看，风险就是办展机构在举办展会的过程中，由于一些难以预料和无法控制的因素的作用，办展机构举办展会的计划和举办展会的实际收益与预期发生背离，从而使办展机构举办展会的计划落空；或者是即使展会如期举办，但办展机构有蒙受一定的经济损失的可能性。

（六）存在的问题

包括通过以上可行性分析发现的展会项目立项存在的各种问题，研究人员在可行性分析以外发现的可能对展会产生影响的其他问题等。

（七）改进建议

针对上述问题，提出对展会项目立项策划的改进建议，指出要成功举办该展会应该努力的方向等。

（八）努力的方向

根据展会的办展宗旨和办展目标，在上述分析的基础上，针对存在的问题，提出要办好该展会所需要具备的其他条件和努力的方向。

第四节　会展立项项目服务供应方选择

会展项目供方是指为保障会展项目的顺利实施，满足参展商和目标观众参展的需要，而由会展主（承）办方指定的各类会展服务商。一般情况下，展览和会议对于服务供方的要求有所不同，展览一般包括展馆、展位承建商、运输代理、旅游代理、安全保卫服务、现场清洁服务、餐饮服务等；会议一般包括会议酒店、环境布置、会务服务、车辆接送、设计制作服务等。上述的各项服务一般会展的主（承）办方会进行指定，每项供应服务都具有相对独立的评价体系和运作流程，在实际操作中，统一由会展的主（承）办方进行管理和协调。本节着重针对会展项目实施过程中，服务供方的服务种类、评价选择、运作方式等系列内容进行阐述。

一、选择会展场馆

展览场馆是会展项目重要的服务商之一，展览项目的实现和产品的最终呈现与展览场馆的硬件条件和服务密不可分。

（一）会展中心的功能布局

会展中心一般交通便利、环境优美、建筑体量大、业态丰富、涵盖现代服务业的所有要素。会展中心配有展览馆、会议厅，周边应有餐饮、住宿、聚会、休闲、娱乐、购物等相关配套设施。展馆的建筑面积从几万平方米至几十万平方米不等。

展览部分：包括展览厅、展示厅、演示厅等。展览厅是会展中心的主体建筑，是举办展览会的主场馆，按照展厅方位可以分为 A 馆、B 馆、C 馆等，展馆的建筑有的是有楼层的，有的则是仓储式的大平层建筑。展示厅主要用于长期展览或陈列，场馆方可以用于长期出租或展期临时租用。演示厅面积比较小，可以用作会议厅、演讲厅。展览厅也可以分隔出若干个演示厅，供参展方在规定的时间段使用。

会议部分：包括多功能厅、中型会议厅、组合式小型会议厅、贵宾厅等。多功能厅一般与高星级饭店配套建设，高星级饭店的多功能厅既可以用于举办论坛、产品推荐、时装表演等，也可用于举行宴会和招待酒会等，有的还可以根据展览会需要进行大小分隔。

室外场地部分：包括室外展览场、室外广场、停车场（地面和地下）等。室外展览场一般以光地形式出租，价格相对便宜，但一定要在一定面积以上起租。地面、地下停车场建设非常重要，尤其是大型展览会必须预留足够的停车位。

展览辅助场地：包括主入口大厅、展厅门厅、餐厅和厨房、展览工程制作场所、展品仓库、商务用房、设备用房等。主入口大厅附近一般有贵宾休息厅，用以接待重要贵宾。展览辅助场地要尽量考虑充分、便利，尤其是展品仓库用房要尽可能满足参展需要。除了仓库，上海新国际博览中心的展厅与展厅之间也可用作仓储堆场。

会议辅助场地：包括接待大堂、茶吧区、休息区、工作间等。会议厅回廊要留有茶吧区的位置，方便与会代表会间茶歇、交流。

（二）选择展览场地

不同类型的展览需要不同的市场需求及展馆的软硬件配合，而每个展馆对于不同类型的展览有不同的优势，展览主办单位应按照不同展览主题的需求选择合适的举办城市与场地。展馆的选择对参展商及买家信心起着关键作用，是展览主办单位成功办展的重要因素之一。展览公司在展馆选择上会考虑以下因素：

展馆形象：展馆租金通常不是最重要的一环，展馆形象对办展十分重要。若选择形象较差的展馆，所节省的费用根本不能补偿因参展商对展馆缺乏信心而少订摊位或参与的损失。

展馆的地理位置和条件：展馆的出入交通、地面的承重、最大最小出入口、展厅层高、给排水的情况、供水供气的地下槽位，甚至是否有光纤设备以方便互联网使用都是需要考虑的因素。如举办机械展，应选择一些地面有足够承托的展馆，及有方便大型机械进出口展馆的设施。

展馆的分割：展馆能够细分成较小的展厅，这可以减少场地空置的风险及控制空调费用成本。

展馆配套设施：展馆最好是有相应原配套设施，如会议室、餐厅、银行、商务中心等。如香港展览会议中心配套设施所占的面积是展览面积的三倍。另外，在展馆的附近建有星级酒店就更好，酒店的设施可弥补展馆设施的不足。

展馆服务和规定：展馆的职员要经过良好的培训及拥有良好的服务态度。

没有任何侵害参展商权益的规定，如一些展馆会禁止参展商携带任何食物及饮品进馆，参展商须在馆中付出高昂的价格购买；有些展馆甚至要求收取不合理的超时加班费或强迫参展商聘用展馆指定的承办商；计算租电费、空调的超时费用时，最好是没有双价制；展馆业主或管理公司要以公平、公开的规则去处理同类展览的馆期。

二、选择展位承建商

展位搭建工作是设计和施工两个环节的结合，对会展来说是一项专业性很强并且关系到展览形象和声誉的重要工作。层位搭建的第一个环节是设计工作，第二个环节是施工搭建工作，无论公司参展目的如何，展位都必须要显示出公司的形象。

（一）会展承建商的职责

会展指定承建商即主场搭建商，是由展览会主办方指定的为参展商提供展台搭建等现场服务的企业。主场搭建商一般负责为参展商提供标准摊位和特装展台的搭建，会场拱门、指示牌及名录等的制作，展具租赁等服务，还可满足参展商提出的一些特殊要求，如紧急加装、撤展等项目服务。不同会展的组展方对主场搭建商所提供的服务要求也不尽相同，一般在参展指南中会详细列明。

主场搭建商负责会展展位的搭建，要同时对组展方和参展商负责。展示效果是观众对会展形象的第一印象，所以展位外观设计效果的好坏，在很大程度上会影响到会展的整体形象和参展商的展示效果，进而会影响参展商的参展效果。参展商很多时候都把主场搭建商所提供的服务看成是会展组展工作服务的有机组成部分，因此，组展方在选择主场搭建商时一定要全面考察，以确保其能够胜任展位搭建工作。

1.标准展位搭建

标准展位由大会指定主场搭建商统一搭建。标准展位的标准配置包括三面展板（如参展商无特殊要求，拐角处为两面围板）、地毯、一张洽谈桌、两把洽谈椅、中英文楣板字（角位为两面楣板）、5 A/220 V电源插座一个、射灯两盏、纸篓一个。

楣板所示单位名称以参展商填写的参展回执为准，没有提供回执的以报名参展单位名称为准，要求临时更改的自行支付更改费用，一个以上标准展位要求不搭建围板的，不提供楣板。

参展商不得自行改变已搭建的标准展位，凡回执内容以外临时要求改变搭建方式的，应征得会展现场管理员同意后，由主场搭建商完成，参展商须自行支付改建费用。

需使用标准配置外水、电、气的参展商，向主场搭建商申请，填写水、电、气申请表传真至主场搭建商处。

标准展位搭建中须注意以下事项：

①禁止在标准展板、铝料、咨询桌上刻画、按图钉、打孔，以免损坏展板。

②禁止在标准展板、咨询桌上直接使用泡沫双面胶（可改用展板上先贴透明胶，后在透明胶上再覆泡沫双面胶的方法），也可以直接使用布基双面胶或挂钩。

③标准展位内严禁私自拉电线，严禁私自安装射灯、太阳灯等照明灯具，严禁私自改动标配射灯及插座的位置。

2. 特装展位搭建

特装展位指参展商委托搭建商在光地展位上施工搭建的特殊展台，会展对光地展位不提供任何地上展览设施和搭建服务。参展商在委托特装展位的施工搭建商时，首先，必须对其注册、施工资质、工程技术人员力量等情况进行审查，禁止无注册、无资质、无工程技术人员的皮包公司承揽施工。其次，要有详细的规范合同；要在合同内注明安全责任、火灾责任、搭建时间责任和工人的安全赔偿责任；须盖法人章和公司合同印鉴，网传合同不能以签字为准。

在国外会展上，首先，要及早制订特装计划，避免不必要的损失。其次，区别于国内，中东地区特装企业都可替客人设计展台，而非设计与搭建分离。展台设计和搭建实施是搭建公司的"左膀右臂"，缺一不可。再者，特装搭建有一个基本的流程，在时间节点上要特别注意。很多中东展览项目主办方会要求特装企业在距离开展 60 天的时候递交设计图纸，对其进行审批。主要的审批内容包括展台的高度和封闭程度是否超过规定标准、展台的结构强度是否符合安全标准、是否存在违规违禁的图片和宣传资料等。对于展品简单的参展商来说，布展比较轻松。如展品需要开箱、安装、拼接，甚至要与特装展台融合，可提前协商，只要不涉及技术性和高难度的安装问题，一般搭建公司也乐意提供服务。有些参展商甚至还会与搭建商协调解决少量展品的展后运输和存放工作，在不影响搭建商日常工作和不增加费用的前提下，搭建商会乐意提供便利的服务，也能解决参展商的后顾之忧。

（二）考察展位承建商

如何选择搭建商是参展商面临的重要问题，通常来说主要从以下六方面进行考察：

1. 具备较为全面的知识和技术

展位承建商应当具备的技术：室内设计与装潢技术、工程结构知识、制图和模型方面的知识、照明／给排水／电子机械方面的知识、图片和表格的布置、展架展具、施工材料和展台施工的知识等。

2. 要有丰富的经验

展位的部分承建工作特别需要经验的积累，如对展具展架的使用、对会展现场施工要求的理解、对会展观众人流空间的预估、对参展商展示要求的处理等。经验丰富的承建商能更好地处理设计方面的问题，保证展位设计的目的性和艺术性。例如，可避免忽视展位设计的功能而搭建出好看不好用的展台，或者是只考虑展台展示效果的华丽而忽视展商的参展主题，造成华而不实的现象。

3. 提供合理的价格

展位承建商的价格是组展方选择承建商时需要考虑的一个重要因素，他们提供的价格高低同时关系到组展商和参展商两者成本的高低，所以，要同时关注他们向组展商和参展商提供服务的价格。组展商要求展位承建商的价格应该合理，但并不是越低越好。一般层位承建商的价格与他们的实力以及提供的服务相关，实力强的公司，其工作质量及服务有保证并值得信赖，价格通常会高一些。这就说明在选择展位承建商时，价格是重要因素但不是绝对因素。

4. 要熟悉展览场地及其设施

展览会的布展和撤展时间有限，展位承建商要对展览场地及其设施有所了解，才能更好地考虑层位的空间设计布局，更好地安排人流的流向。除此之外，展位承建商还必须要了解展览场馆对层位搭建的限制性要求，如层位的限高以及展具展架使用的限制、通道和公共用地的限制、消防和安保方面的限制和要求等，只有这样才能保证展台搭建的顺利进行。

5. 可以提供展位维护保养服务

展位承建商搭建好展位以后，还要对展位承担维护和保养的义务。会展开幕后，如果有需要，参展商和办展机构要很方便地就能找到承建商，承建商要能及时地提供服务，能很好地完成参展商对展位进行改进和调整的要求，前提是这些要求是合理的和可行的。

6.有专业工厂做支持

在国内选择搭建商时还应注意搭建公司是否有专业的工厂，有专业工厂支持的搭建公司在工程质量上会更有保障。

（三）指定展位承建商的方法

在举办会展时，组展方基本上都要事先选择一到多家展位承建商来具体负责这项工作，通常把组展方选定的承建商称为会展的"指定承建商"，也被称为主场搭建商，由他们来负责大部分参展商的展位搭建工作。可以通过招标和专家推荐的方式具体选定会展的承建商，招标选定展位承建商是较为常见的方式，展位承建商通常是与组展方签订合同，由组展方对其进行监督和管理。招标一般可分为公开招标、选择招标、两阶段招标三种形式。

公开招标：是一种无限竞争的招标方式。即会展主办方在国内外有关报纸和杂志等传媒上公开刊登招标广告。凡是对该会展展位承建有兴趣的承建商都可以参与投标，会展主办方再按标准择优选取。公开招标一般用于规模较大的会展项目。

选择招标：是一种有限竞争的招标方式。即会展主办方根据会展的基本情况，只对有限几家承建商发出投标邀请，然后再根据投标单位的资质和投标价格等进行选择。选择招标对规模不是太大的项目较为合适。

两阶段招标：是将无限竞争的招标方式和有限竞争的招标方式结合起来的一种新的招标方式。会展主办方先公开开标，开标之后再从中选择几家单位，邀请他们进行第二次投标报价，会展主办方从第二次投标报价中择优选取承建单位。两阶段招标对那些首次投标价格与预期价格相差较大的招标项目比较实用。

不管采用哪种招标方式，投标单位都要根据会展主办方的要求，提供以下基本资料：公司概况、标准展位搭建的价格及基本配置、光地展位的搭建要求、可提供租赁的展具及租赁价格、可提供租赁的电器及租赁价格等。

三、选择会展物流服务商

由于运输有自己的行业操作规范和工作技巧，国际展览运输协会（IEI.A）对会展运输代理的工作提出了以下两方面的要求：第一是会展运输代理的工作准则，第二是报关代理的工作准则。也就是说在选择会展运输代理时，不仅要考虑到运输能力，还要考虑其海关报关能力。参展商要求货物能够安全准时地到达目的地，因为会展的时间只有几天，货物运输的延误或损坏会造成参展商不可估量的损失。物流服务商的选择可以从展品运输经验、服务规范性、价格三方面来考察评估物流服务商。具体可以从以下四方面来评价物流服务商服务的专业性。

（一）报关代理服务

海关报关对国际参展商来说是非常重要的工作。国际展览运输协会对出口代理的海关报关工作主要有六方面的要求：联络、展前客户联系、单证办理及通知、最佳运输、现场支持和展后处理（回运）。

1. 展前客户联系

这是最关键的部分。出口代理要努力将报关要求全面清楚地传递给参展商。全面是指把报关所需的单证文件、包装和标识、截止期以及报关特别要求和审查等都告诉参展商。

2. 单证办理及通知

货物启程时必须将展品情况和搬运细节通知现场运输代理，如参展商的展台号、展品运到展台的时间要求、箱数、尺寸、毛重、净重、体积、价格等，及运输细节如航班号、提单 / 空运提单号、卡车货车 / 集装箱 / 铁路货车号等。出口代理必须保证按基本规定提供正确、完整的单证，以确保不延误海关手续。

3. 最佳运输

考虑到货物的特性、预算和时间限制，出口代理应向参展商建议最佳的运输方式和路线。

4. 现场支持

现场支持主要目的是保证客户在运输和装卸两方面获得国际展览运输协会的专业标准服务，并帮助和支持现场运输代理使其顺利完成现场搬运工作。

要达到现场支持的目的，出口代理可以作为客户和现场运输代理的协调人员，处理有关运输的事务；出口代理应迅速安排空箱运出和运回，协助现场运输代理的工作。另外在会展期间出口代理还要巡视所有客户，收集展品处理或回运的要求，整理成准确简明的图表交给现场运输代理。

5. 展后处理（回运）

出口代理应将货物的展后处理和回运的有关要求明确地告知现场运输代理，并监督其现场搬运工作，如果是进口货物，还要协助办理当地的税务事宜。

展品成为进口品，出口代理要办理相关税务事宜；展品改变流向，出口代理应通过现场运输代理办理，交代交货条件、交货地点和销售条款，以便安排运输；回程运输通常由出口代理自行办理运输手续。

国际展览运输协会对会展运输代理和报关代理的工作准则是针对其会员单位的，对我们选择会展运输代理有很大的参考价值。

有些会展只指定一家运输公司作为代理，统一负责海内外的运输事宜。但对于国内运输和跨国运输来说，差别非常大。所以，有些组展机构通常分别指定国内运输代理和海外运输代理。

（二）国内运输代理服务

国内运输代理主要负责国内参展商的展品及相关物资的运输工作，有时也作为海外运输代理国内段运输的代理。国内运输代理主要分为来程运输和回程运输。

1. 来程运输

来程运输是指将参展商的展品及相关物资自参展商所在地运至会展现场，主要有以下四个环节：

（1）展品集中和装车

参展商将展品和相关物资，按要求的日期集中到统一指定的集中地点，由国内运输代理进行理货并安排运输路线和方式；确定后再将展品和相关物资装上运输工具，运往车站、机场和码头。

（2）长途运输

根据运送物品的特点，结合最佳运输路线和方式，长途运输可能会采用水运、空运、火车和汽车运输。如果是汽车运输，最好是安排从运输地到会展场馆的"门到门"运输，以减少装卸次数；如果是空运，要注意提前订舱；如果是火车运输和水运，则要注意出站和出港以后的运输衔接。

（3）接运和交接

对于空运、水运和火车运输，都存在一个中途接运的环节。例如，物品从船上卸下后再由汽车运到场馆等。接运要注意安排好时间，尽量减少接运次数。货物运到会展现场，要交接给指定的展台工作人员。交接中要注意列出相关工作和货物清单以便工作衔接。

（4）掏箱和开箱

掏箱是指将展品箱从集装箱或其他运输箱中掏出或卸下，并运到指定层位的过程；开箱是指打开展品箱取出货物。掏箱工作要准确有序，时间和人员要安排合理；开箱工作一般由参展商自己负责，要注意清点和核对货物。

经过以上运输环节，货物安全准时到达会展现场后，参展商就可以按照计划安排布展工作了。会展结束后，根据参展商的计划，有些货物需要运回参展商所在地，有些需要运给经销商等，这样就涉及回程运输的问题。

2. 回程运输

回程运输是指在会展结束后，将展品和相关物资自展位运至参展商指定的其他地点的运输工作。回程运输的目的地可能是参展商所在地、参展商指定的地点，如经销商和代理商的所在地或另一会展所在地等。

回程运输的基本环节与来程运输相似。回程运输的时间要求虽然不高，但办展机构和运输代理应该提早筹备回程运输，以免引起撤展现场的混乱。

3. 其他注意事项

办展机构在指定国内运输代理时，还要考虑以下五个因素：

（1）时间安排

展品和相关物资的运输时间要提早安排，并向参展商公布。主要有以下时间安排：交箱日期、办理手续日期、发运日期、抵达目的地日期、到达会展场馆日期、回运期等。

展品到达时间过早，会产生额外的仓储费用；到达过晚，会延误展览日期。权衡来看，运输时间通常适当留有余地为好，多花仓储费总比耽误布展要好。

（2）运输路线和方式

办展机构有必要督促运输代理为参展商安排最佳运输路线和运输方式，尽量使用集装箱等安全的运输方式。此外，一定要明确不同运输方式的到达目的地。

（3）包装要求

由于在同一个大型展馆可能同时举办多个会展，为了在展览现场搬运和装卸方便，办展机构可以和运输代理一起安排好会展物资的运输包装要求，如包装标志要注明会展名称、展位号、收货人名称和地址等。

（4）费用问题

办展机构有必要让运输代理向参展商提供合理的运费和杂费的收费标准，防止运输代理收取的费用过高。要和运输代理谈妥陆运、水运和空运的基本费率，以及迟到附加费、早到存放费、码头/机场费等附加费率、自选服务的费率，并明确告知参展商。

（5）保险

办展机构要督促运输代理提醒参展商在安排运输时需要投保的险别。

（三）海外运输代理服务

如果举办的会展是国际性的，那么就应当再指定海外运输代理来负责海外参展商的展品及相关物品的运输工作。尽管运输也是分为来程运输和回程运输，但其运输环节和手续的办理，要比国内运输复杂得多。跨国运输和国内运输最大的不同主要表现在以下三方面：

1. 运输方式

跨国运输基本上都是国际联运，整个运输过程基本要经过陆运—海运—陆运，或者是陆运—空运—陆运等三个环节，参展的货物要从一个国家运到另一个国家才能完成。因此，海外运输代理必须要清楚了解会展举办地所在国的海关规定、海关手续和进口税率，了解当地对展品进口的处理办法和规定，了解当地是否有免费进口宣传品和自用品的规定等，以免展品报关受挫。

2. 有关文件

由于跨国运输的货物要从一个国家运到另一个国家才能完成，所以，运输过程中涉及的有关文件要比国内运输多得多，也复杂得多。一般来说，跨国运输需要准备的有关文件主要有以下四种。对于这些文件，运输代理要明确告诉参展商提供各文件的具体时间和最后期限，以便及时办理相关手续。

（1）会展文件

会展文件是有关展品和相关物品的证明和文件，主要有展品和相关物品清单、展品安排指示书、需送海关审查的特殊物品样本和清单、发票等。有些国家可能还要产地证书、商品检验证书等文件。其中，展品及相关物品的清单最重要，一定要完整准确。

（2）运输单证

运输单证是办理货物运输所需要的证明文件，主要有装运委托书、装箱单、集装箱配装明细表、提单、运费结算单等。如果货物需要回程运输，那么还需要有委托回运通知书。

（3）海关单证

海关单证是办理货物海关报关时所需要的证明文件，主要有报关函、报关单、清册、进口许可证、发票等。

（4）保险单证

展览所涉及的保险险别比较多，在运输过程中，一般投保"一切险"，有时还会投保一些附加险。展览涉及的险别比较常见的还有展品的盗抢险和道具的火险、第三者责任险、展出人员险等。保险单证主要是保单，另外还有受损报告书等。运输代理有必要了解会展是否有指定的保险公司，如果有就尽量按规定办理。

3.海关报关

如果有回程运输，海关报关手续就有两次：一是来程运输时的货物进口报关，二是回程运输时的货物出口报关。相比较来看，来程运输时的货物进口报关对参展商来说更加重要。在实际操作中，货物进口报关一般有以下四种办理形式：

（1）ATA形式

ATA形式报关是一种准许货物免税暂时进口的报关制度。国际海关合作理事会制定的《关于货物暂准进口的ATA报关单证册海关公约》（简称《ATA公约》）和《货物暂准进口公约》是这项海关制度的法律基础，中国国际商会是我国ATA单证册的出证和担保单位。ATA单证册项下的暂时出境货物，由中国国际商会向海关总署提供总担保。使用ATA形式报关可以大大减少通关工作量，缩短报关时间，简化报关手续，还不用交关税，并且ATA临时进口证在一年的有效期内，可用于一个以上国家。ATA 形式只有在 ATA 公约的成员国之间才能使用，在会展结束后货物必须回运。中国已于 1993 年加入《ATA 公约》。

（2）保税形式

如果会展是保税形式的会展，货物报关就可以采用保税的形式。保税形式报关手续要比一般报关手续简单，货物可以到会展现场再进行检查。如果是需要检疫的动植物不适用于这种报关形式。再者，采用这种形式报关的物品不能带出保税现场。

（3）再出口形式

再出口形式报关是提供相当于展品等物资进口关税相同金额的保证金，再办理报关手续使货物通关展出。这种形式是以展品等货物的再出口为前提条件，展品等货物再出口时必须与进口报关时完全一致。因此使用这种形式报关，检验十分严格，展览时货物不能随便出售或处理。再出口形式报关手续较多，比较费时。

（4）进口形式

进口形式报关是将展品等货物当成一般货物办理进口手续、缴纳关税。采用进口形式报关，会展结束后可以自由处理，采用这种方式须缴纳的关税可能较高。

（四）会展运输注意事项

会展运输不当，可能出现未运到、途中损坏、丢失等情况，可能导致很严重的后果。最常见的问题有：

1. 全部或部分展品未及时运到

有时会因为展品还在途中，或在途中丢失，或还在海关仓库里，或海关手续还未办完等原因导致会展开幕了，但展品全部或部分未到展场，以致无法正常参展。

2. 展品因包装不好而破损

由于展品没有进行适当包装在运输途中破损，这会给展品参展带来负面影响，也可能会出现额外费用以及延误事件。

3. 缺少单证

缺少单证是指缺少产地证、检疫证等，这会导致额外费用甚至导致扣货、罚款等麻烦和损失，也会造成运输延误。

4.包装箱出现问题

野蛮拆箱，造成包装箱破损，回运时无法再使用；包装箱储存不善、丢失等。

5.运输方式选择导致的问题

每种运输方式都有自己的优缺点，运输方式选择不当会给展览带来影响。例如，铁路运输会省却转运的麻烦，但费用比较高昂，周期比较长，给前期的准备工作造成了很大的压力，而且一般参展商由于参展次数有限，对整体流程的把握不是很到位，所以容易造成展品不能按时到达的现象。公路运输时间短、价格低、灵活性高，但道路情况的好坏直接影响到展品是否会损坏，中途转车无法监控展品。另外公路运输意外情况发生的概率远高于铁路运输。

6.巡回展的运输

巡回展是一类特殊的展览，由于要"转战"各地，能否按时保质地将展品运到是最关键的问题，至于运费倒成次要的问题。一般为了保险，都要通过不同的途径向同一地点发送两套展品物资。

四、选择会展旅游代理

旅行社掌握了酒店、餐饮、交通等企业和部门的资源，在对参展商、与会人员及参观者提供旅游接待服务方面具有先天的优势。因此，把会展旅游活动委托给旅行社则减轻了会展组办者的工作压力，又可以得到相对专业的服务。在旅行社的选择方面应当注意以下两方面的问题：

（一）产品设计的专业性评价

会展旅游者的需求与一般的旅游者需求有所不同，会展旅游服务应当既围绕会展活动展开，为会展活动的旅游属性服务，又进行游、购、娱等外围活动。旅行社可以在服务上，将会展期间的酒店、接送、餐饮等基本服务做成主体产品，将其他配套服务及产品做成菜单，由客户根据需要灵活选择；在形式上，旅游产品应广泛采取半包价、小包价等形式，以中短线为主，组团灵活；在内容上，既可包括为客户度身定做客户拜访、商务考察等旅游产品，又可安排短、平、快的城市周边游。会展主办方或参展商在选择旅行社的时候要考察旅行社在产品设计上的思路和采取的服务形式是否能够满足会展客人旅游的需要。

（二）旅行社的服务能力评价

　　会展旅游者商业意识强、文化素质高、时间观念强，在专项事务活动的安排上，旅行社要根据会展旅游者的客户拜访和参观要求，以及某地／国的交通、礼仪习惯等做出时间、顺序上的调整，安排细节，最后提出建议并最终确认。旅行社安排应既有集体活动又有分散活动，可以随时根据情况改变行程，临时增减内容，帮助参展团体或会议人员提高工作效率。因此，在指定旅游代理时要选择资质好、能力强，在办展或会议当地较为成熟的网络旅行社。

第三章　会展项目立项策划与指导

第一节　会展项目概述

美国项目管理认证委员会主席格雷斯曾断言："21世纪的社会，一切都是项目，一切也必须将成为项目。"因而项目管理已成为在当今急剧变化时代中各行各业求生存谋发展的利器，在会展业中也不例外。随着我国会展活动的日趋国际化、专业化、品牌化和规模化发展，会展企业要想在有限的时间里做好会展项目的组织工作，更好地利用时间、技术及人力等方面的资源，最大限度地实现会展目标，实行会展项目管理是理所应当的。

一、项目概述

1.项目的定义

对于项目，目前国内外有各种各样的定义。

美国项目管理协会（Project Management Institute，简称PMI）认为项目是"一种被承办的旨在创造某种独特产品或服务的临时性努力"。该定义表明项目具有明确的目标和独特的性质：每一个项目都是唯一的、不可重复的，具有不可确定性、资源成本的约束性等特点。

德国国家标准DIN69901将项目定义为"项目是指在总体上符合如下条件的具有唯一性的任务（计划）：具有预定的目标，具有时间、财务、人力和其他限制条件，具有专门的组织"，强调项目应具有的条件因素。

英国项目管理协会（Association of Project Management，简称APM）将项目定义为"为了在规定的时间、费用和性能参数下满足特定目标而由一个人或组织所进行的具有规定开始和结束日期、相互协调的独特的活动集合"。该定义被国际标准化组织（简称 ISO）采用。此定义明确提出项目的时间界定、费用要求和其他参数条件等要素，完善了项目内在的特殊的规定性。

我国学者袁亚忠（2010 年）认为，项目是指为了完成特定的目标，在一定的资源约束下，有组织地开展一系列非重复性的活动。

江金波（2014 年）将项目理解为：围绕特定目的，在一定的人力、财力、物力保障以及确定时间段等条件的基础上，实施的有组织性的系列活动。也就是说，项目是指一定资源条件和具体目标要求下，作为系统的被管理对象的单次性任务，这一任务由多项具体活动组成。

2. 项目的特征

从项目的定义中可以看出，项目一般具有如下共性特征。

（1）独特性

项目的独特性是指项目所创造的产品或服务与其他产品或服务相比较，具有唯一的、明显的特性。同时，由于项目实施时间、地点、条件等会有若干差别，都涉及某些以前没有做过的事情，所以每一项目总是唯一的。

（2）临时性

临时性又称为一次性、单次性。是指项目有明确的开始时间和结束时间，在这个时间段内由相关人员有组织地、相互协调地来完成某一项任务。也就是说，这项任务只是临时存在的任务，而不是永久性的。一旦结束，项目的相关要素也就随之不存在了。

（3）目标性

目标性即任何一个项目都有其明确的目标，包括数量、功能和质量标准，以及明确要求执行者在一定的时间和预算约束下完成任务所规定的目标。概括起来就是成果性目标和约束性目标两大类。成果性目标是项目的功能性要求，约束性目标是指各种限定的条件。目标性是每一个项目的基本属性。

（4）约束性

每一项目都需要运用各种资源来实施，而资源是有限的。项目的实施与完成必然要受到这些资源限制条件的影响，特别是时间、财力、人力和物力等项目的投入要素。

（5）整体性

一个项目就是由各个管理和生产要素系统所组成的一个完整的系统，这些系统彼此之间互相联系，紧密相关，必须得到合理配置才能最大限度地发挥项目的整体功能，实现项目的总体目标。

（6）周期性

每一项目都是有时间条件的限制的，因此每一项目也都具有明显、确定的周期性和阶段性，且具有一定的规律可循，其对于合理安排资源管理，有效推进并控制项目的进程具有重大的意义。一般来说，项目的生命周期由四阶段构成：启动阶段、规划阶段、执行阶段和结束阶段。

二、会展项目概述

1. 会展项目的定义

会展是会议、展览等集体性活动的简称，是指在一定地域空间由很多人集聚在一起形成的定期或不定期、制度或非制度的社会活动，它包括各种类型的会议、展览（包括交易会、博览会等）、体育赛事、节庆活动等。会展业是一个新兴的服务行业，影响面广、关联度高、效益好。会展经济正逐步发展成为我国经济新的增长点，新时期伴随着新兴产业的产生，传统产业的纵深发展，产业融合的不断深化，各式各样的会展项目也如雨后春笋般涌现。会展项目既具有一般项目的普遍性，又有其自身特定的内涵。

我国学者庞华（2013年）在《会展服务管理》一书中将会展项目定义为：以各种会展活动为管理对象，在特定的时间、资源条件下通过提供会展产品和服务实现既定目标的多项相关工作的总称。李敏（2015年）在《会展会议活动项目管理手册》一书中将会展项目定义为：在一定地域空间，许多人聚集在一起形成的定期或不定期的，围绕特定主题传递和交流信息的群众性社会活动。

本书根据项目的定义，将会展项目定义为：为了完成既定的目标，许多人或组织在一定的时间、财力、人力等其他资源的限制条件下，进行的会议、展览、大型活动等会展活动的有组织的、相互协调的活动集合。

2. 会展项目的类型

会展项目根据不同标准可以划分为不同类型。本书结合我国学者袁亚忠和李敏的分类，根据会展活动的主题类型，将其划分为展览项目、会议项目和活动项目三种类型。每一种会展项目又可以分为不同的类别。

（1）展览项目

根据展览项目的目的，展览项目可划分为展示类项目和交易类项目。展示类项目是指以物品或者商品的展示为主要目的的展览会，如美术展、艺术品展等，有时它也可能是非营利性质的。而交易类项目是指以商品交易为主要目的的展览会，如行业展览会、车展等。

根据展览项目的性质，展览项目可划分为贸易类展览项目、消费类展览项目和科技类展览项目。贸易类展览项目是为制造业、商业等各类行业举办的展览活动，展出者和参观者主体都是商人，参展商可以是行业内的制造商、贸易商、批发商、经销商、代理商等相关单位，参观者主要是经过筛选邀请来的采购商，一般的观众被排除在外，展览的最终目的是达成交易；消费类展览项目是为社会大众举办的展览活动，这类会展多数具有地方性质。展出内容以消费品为主，观众主要是消费者，非常重视观众的数量；科技类展览项目主要是以科技和技术成果为展出内容，科技含量高、专业性强，适合专业参展商和专业观众参加。

根据展览项目的内容，展览项目可划分为综合类展览项目和专业类展览项目。综合类展览是指包括全行业或数个行业的展览会，又称为横向性展览会，如世博会、轻工业展等；专业类展览是指展示某一行业甚至某一项产品的展览会，如建材行业展、房地产行业展等。

根据展览项目的地域、规模，展览项目可以分为国际、国家、地区、地方展览会以及单个公司的独家展览项目。

根据展览项目是否盈利，展览项目可以分为营利性展览项目和非营利性展览项目两种。

（2）会议项目

根据会议的目的来划分，会议项目可以分为以专项研究为主要目的的会议和以产品发布为主要目的的会议。前者是指以某一个或几个议题为主题的会议，主要由国际组织、政府和行业协会所组织的会议，如联合国大会、世界互联网大会等；后者主要由企业组织参加，旨在向外发布有关企业新产品等信息，以达到迅速推广到市场的目的。

根据会议项目的内容，会议项目可以分为商务型会议、展销型会议、交流型会议、学术型会议、政治型会议、培训会议等。

根据会议项目的举办主体，会议项目可以分为协会会议、公司会议、政府会议以及非政府组织会议。

根据会议项目的组织形式，会议项目可以分为研讨会、座谈会、讲座、论坛、专题学术讨论会、年会等。

根据会议项目的地域范围和影响力，会议项目可以分为国际会议、全国会议、地区会议和本地会议等。

（3）活动项目

根据活动项目的地域范围和影响力，活动项目可以分为国家性活动项目、全国性活动项目和地区性活动项目。

根据活动项目的内容，活动项目可以分为单一专业性活动项目和综合性节事活动项目。

根据活动项目的规模，活动项目可以分为大型活动项目和一般活动项目。

根据活动项目的主题，活动项目可以分为庆祝庆典活动项目、产品营销活动项目、文体演出活动项目和公益福利活动项目。其中庆祝庆典活动项目主要是指以庆祝某些节日或庆祝开业、颁奖等特殊事件为主题而举办的活动项目，如民俗文化节、商业庆典等；产品营销活动项目主要是指以宣传推广产品、促进产品销售、提升产品知名度为主题而举办的活动项目，如旅游节、啤酒节等；文体演出活动项目主要是指以文化艺术、体育比赛、娱乐表演为主题而举办的具有商业营利性的活动项目，如体育赛事、音乐节等；公益福利活动项目主要是指以推行公益、福利或慈善为目的或主题策划的非营利性的活动项目，如公益演出、公益展览等。

3. 会展项目的特征

会展项目作为一种新型的项目形式，它除了具备一般项目的总体特征，即独特性、临时性、目标性、约束性、整体性和周期性之外，其与传统的工程建设项目、科学研究项目等都有着明显的特征差异。一般来说，会展项目具有如下特征。

（1）服务的目标性

会展业是现代服务业的重要组成部分，会展项目是一种服务类项目。通过提供优质的服务使客户满意，是会展企业应该始终坚持的终极目标。因此，会展业的从业人员必须围绕客户来开展工作，以市场需求为导向，最终实现客户满意。会展项目的客户包括参展商、一般观众、采购商、会议参与者等。该目标要求会展项目包含会议、展示、商务、旅游等多种服务内容，为参展商、观众及会议参与者提供高效率、高质量、全面的服务。

（2）项目的关联性

会展项目具有较大的产业关联性和带动性，随着全球会展业的不断发展，会展项目对区域经济带动作用越发明显。据统计，全球会展产业每年直接经济效益超过 3000 亿美元，为世界经济带来的增长总额超过 3 万亿美元，约占全球 GDP（国内生产总值）总和的 4%。随着中国经济的快速发展，会展活动已经成为推动城市经济增长的新动力，各类会展项目汇集人流、物流、资金流、技术流和信息流，有效拉动餐饮、交通、住宿、旅游、建筑、通信、装饰、物流、广告、印刷咨询、保险等相关产业的增长。会展活动对促进所在城市的经济发展，转变经济发展方式，优化产业结构，提高城市综合竞争力等方面有着积极作用。

（3）客户的广泛性

会展项目的客户是以客户群体而非个体为对象的，除了参展商、会议参与者外，会展项目还需要采购商、一般观众等客户群体，要使不同的客户满意，会展项目团队成员在项目的策划与启动之前，必须进行充分的市场调研，充分了解各类客户群体的需求，并在其基础上通过高水平的管理为客户提供高质量的服务。另外，会展项目的运营还需要相关政府部门、新闻媒体平台、社区居民以及其他服务行业的支持与合作，利益相关者众多。

（4）约束的多样性

会展项目的约束条件具有多样性的特点。一些大型的会展项目，除了受到人力、物力、财力及技术等条件的约束外，由于会展项目具有广泛的关联性，其还受到经济、政治、社会环境的约束。此外，会展项目是具有临时性和周期性特征的，在会展项目的启动、规划、执行和结束各个阶段中，每个阶段的工作任务都要严格按照项目的时间进度完成，尤其是对定期举办的会展项目，时间的约束性更强。这些都体现了会展项目约束条件的多样性。

（5）效益的综合性

会展项目的关联性必然带来其效益的综合性。这种综合性体现在两方面：一是会展项目在获取经济效益的同时，还将获得巨大的社会与环境效益，即会展活动的顺利开展不仅能够带动城市相关产业的发展，获得一定的经济效益，其对于提高城市的知名度、促进城市基础设施和环境的优化、提高居民的文化素质、树立城市形象等都具有积极的作用；二是会展项目的关联性决定了项目收益由多方构成，具有综合性的特点，是高利润、高收益、高回报的"三高"项目。

第二节　会展项目的立项策划

会展项目的立项策划，实际上就是在收集和分析市场信息的基础上，对一个会展项目的基本框架和内容进行初步的规划和设计，并对其进行可行性分析，最终获得相关行政主管部门以及决策机构批准或承认的过程。

一、会展项目立项遵循的原则与内容

1. 会展项目立项遵循的原则

会展项目立项遵循可行性原则、利益性原则、创新性原则、灵活性原则。

（1）可行性原则

会展项目具有约束的多样性特征，一些大型的会展项目受到经济、政治、社会环境及人力、物力、财力及技术等条件的约束，因此我们在进行会展项目立项策划时，一定要注意策划的现实可行性，这不仅需要对市场环境进行大量的调研和信息收集，了解会展项目市场相关主体的需求，了解会展举办地的法律法规与文化习俗，还需要会展项目团队对会展项目进行科学策划和管理，以保证会展项目的场馆及其设备设施、资金和人力条件等得到满足，保障会展项目的顺利启动和运行。

（2）利益性原则

会展项目具有效益的综合性特点。因此，在会展项目立项策划的过程中，需要注意利益性原则，即会展项目的立项策划不仅要注重经济利益，同时还要求实现一定的社会效益和环境效益，既要注重近期利益，又要注重长远利益，以实现各种利益的统筹兼顾。

（3）创新性原则

近几年，各种创新型的会展项目层出不穷，几乎遍布各行各业，但是会展项目同质化的问题也越来越突出。会展产业本身属于新型的服务产业，是紧跟社会发展和时代潮流的，要想提高会展项目策划的成功率，注重会展项目的创新性是十分重要的，其既可以表现为会展主题的创新，也可以表现为会展活动过程中任何一个具体环节的创新或者与其他业态的融合创新。例如2015年的意大利米兰世博会《掌上世博》项目就是采取"互联网＋会展业"的形式，首次将世博会在互联网上进行了全景O2O观展运营的创新性尝试。满足了大众足不出户就可以观看世博的愿望。突破了传统会展行业企业在发展中的"瓶颈"，打破了一些大型会展时间、距离和空间的限制，获得了很大的反响。

（4）灵活性原则

会展项目是具有一定风险性的，因为市场永远是充满变化和未知的，而会展项目在运行中也可能会遭遇种种困境与危机。会展项目在立项策划时应当充分考虑到当危机和风险发生时，会展公司应该如何快速而准确地应对，即会展项目在立项策划之初就应该考虑到会展项目设置的灵活性和危机管理，以最大限度地减少市场环境变化给会展项目带来的经济损失和社会影响。

2. 会展项目立项策划的内容

会展项目的立项策划主要包括以下内容：会展项目的定位，会展项目的名称，会展活动的时间安排，会展项目的举办地点，会展项目的举办机构，会展项目的规模和举办频率，会展项目的展品范围，会展的价格及初步预算，会展项目的人员分工、招展招商和宣传推广计划，会展项目的进度计划、现场管理计划和相关活动计划。

（1）会展项目的定位

会展项目的定位就是举办机构在分析自身的资源条件和市场竞争状况的基础上，利用差异化竞争战略，选择自己最具优势或者最具潜力的会展题材，使自己举办的会展项目在众多同类的会展项目中脱颖而出的过程。简单来说，会展项目的定位就是清晰地告诉参展商和观众会展项目"是什么""有什么"及"好在哪里"。会展的定位要做好市场调研和市场细分，以明确会展项目的目标受众、项目目标、会展项目的主题。

（2）会展项目的名称

会展项目的名称与会展项目的定位是相互联系的，前者是后者凝练而概括的表达，一般由三部分组成：基本部分、限定部分和附属部分。其中，基本部分和限定部分构成会展项目名称的主体，基本部分用来说明会展项目的性质，如博览会、展览会、交易会、洽谈会、展销会、订货会、研讨会和论坛等；限定部分主要说明会展项目举办的时间、地点、规模以及内容等；附属部分是限定部分的补充，具体说明会展项目的举办时间、举办地点、组织单位的名称等。如"第九届夏季达沃斯论坛"，其中"论坛"属于基本部分，"第九届夏季"属于限定部分，"达沃斯"属于附属部分。

（3）会展活动的时间安排

在会展项目的立项策划中要尽早确定一些重要的日期和时间段。这些重要的日期和时间段包括会展的开幕日和闭幕日、对外开放时间、会展期间主要活动的时间安排、参展商报名截止日期、组团报名截止日期、会展布展日期和撤展期限，等等。国内大部分的专业性会展的对外开放时间一般是3天，综合型的会展项目延续时间稍长。尽管展览时间不长，但一定要充分地考虑布展和撤展时间。一般较为大型或重要的会展至少需要2天的布展时间，有特装的展位要给出3天的布展时间。针对一些特殊的行业（如食品、重型机械等）而言，还要特别注意给其的撤展时间要比其他行业长。以避免引起混乱和不必要的工作。

在选择会展的举办时间时需要考虑多方面的因素。第一，要考虑订货季节，大部分产品都有特定的订货季节，也就是订货高峰，在订货季节举办的会展项目成交的可能性就大些。还要考虑财政年度、配额年度等，一般的规律是前松后紧，上半年的配额多、经费宽松，订货就可能多；第二，要考虑的因素是气候和节假日。每年的3—6月和9—10月气候适宜，是企业正在执行每年上半年与下半年的采购销售和生产计划的时期，参展意愿强烈，是举办各种会展项目的旺季。而每年的7—8月和12月至次年的1月间气候较差，是企业的采购销售和生产计划已经执行，或正在编制的时期，参展意愿较弱，是举办各种会展项目的淡季。为方便普通观众参观，一般可将会展的最后一天定在双休日，以此来带动会展的人气。国际展的时间选择上要注意避开全年的重大节日（如圣诞节）和夏季休假期7—8月。国内展的时间选择上要避开春节、"五一"和"十一"节假日；第三，会展项目的举办时间原则上要避开国内外同类会展项目的举办时间,特别是相似题材的品牌展,两者的举办时间至少要相隔3个月,以尽量减少相关会展对本会展可能产生的影响。

会展的举办时间可以固定在某一个日期，也可以每年视情况做出调整。但是要注意，一旦会展的举办时间确定下来,往往不能轻易更改,因此要慎重选择。

（4）会展项目的举办地点

会展项目举办地点的选择包括两方面的内容：一是会展在什么地方举办，即确定会展在哪个国家、哪个省或哪个城市里举办；二是会展在哪个场馆举办。会展项目举办地点的选择要考虑多方面的因素，第一要考虑会展项目的题材，会展项目最好是在会展题材相关产业的生产和销售集中的产业发展水平较高的地方举办，或者是在其邻近地区、交通比较便利的地方举办，这些地方参展商和观众可能会比较集中，可以给他们提供较大的便利；第二要考虑举办地的经济发展水平和号召力，主要涉及交通、通信、餐饮、住宿等基础接待设施的数量和质量，国际性和全国性的会展项目需要选择一个对内对外交通便利的地方举办，以方便海外和全国的企业参展和观众参观；第三要考虑举办地的自然生态条件，是否拥有良好的自然环境和文化环境，是否风景秀丽、气候宜人或文化底蕴丰厚、人文气息浓郁，具有较强的可观赏性。这类会展城市在成为会展中心城市的同时，也是著名的旅游城市，像北京、上海和香港都具有会展中心与旅游城市的双重功能。此外，还有会展项目的定位、会展项目的特殊要求、成本等因素。

会展可以固定在一个地方举办，也可以在多个地方轮流举办，前者称为固定展，后者称为巡回展。

会展场馆除需要考虑硬件设备和展览空间的因素外，还需要选择交通方便、租金价格合理且周围环境良好，酒店等接待设施齐全的场馆。可供会展项目选择的场馆类型有：博物馆、展览馆、美术馆、纪念馆、陈列馆、会议中心、展览中心、体育场、体育馆、文化广场、文化馆、剧院和剧场等。

（5）会展项目的举办机构

会展项目的举办机构是指负责会展的组织、策划、招展和招商等事务的相关部门和单位，这些单位可以是企业、行业协会、政府部门和新闻媒体。根据各单位在会展举办中的不同作用，一般可以分为主办单位、承办单位、协办单位和支持单位。

（6）会展项目的规模和举办频率

从会展项目涉及的地域范围，可以将会展项目分为国际型会展、国内型会展、地区型会展和地方型会展四类。从定量的角度看，主要涉及三方面的指标：展出面积、与会者或参展商的数量、观众的人数。展出面积是反映会展项目规模的最直观指标，在会展项目的立项策划中需要对这些指标做出预测。预测的根据就是可能招到的参展商的数量与质量，只有保证足够数量的参展商，原先规划的展出面积才有意义。会展项目的观众有专业观众和一般观众之分。专业观众，主要是贸易商，是决定参展商们能否实现销售计划的重要因素，因此对于大多数的会展项目来说，保证专业观众的数量和质量对提高会展的知名度非常重要。

会展项目的举办频率是指确定会展活动是一年举办一次或几次，还是几年举办一次或者不定期举办。目前，一年举办一次的会展项目是最多的，也有不少是一年举办两次和两年举办一次的，不定期举办会展已经越来越少。会展的举办频率受产品生命周期的影响，但是过高频率举办展览会加重参展企业的负担，并且降低会展的效果，在营销渠道多样化的今天，这对整个会展市场的未来发展是不利的。

（7）会展项目的展品范围

展品范围是指在展览会上展出商品的范围，这也是会展项目团体在立项策划时需要确定的一项关键任务。展品范围直接决定着展览会将要展出什么商品、设备和技术，它间接地决定着会展的参展企业和观众范围，也影响着会展的长远发展。会展的展品范围应该根据会展的目标、定位、举办机构的优劣势和其他多种因素来确定。

目前会展项目的展品范围的趋势是越来越趋向于专业化。因为，会展业在向专业化方向发展，会展分工专业化、会展从业人员专业化、会展观众日趋专业化；同时越来越多的会展企业为了提高企业竞争力而进行市场细分和专业化市场的经营。一般来说，每一个会展企业都有一个自己熟悉和擅长的产业，在这些产业中具有一定的优势。在那些不熟悉、不擅长的产业里，在展品范围的确定时肯定是存在困难的。

（8）会展项目的价格及初步预算

会展项目的价格主要包括参展商的展位租赁费、会展的门票价格和企业在与会展有关的各种媒介上的宣传推广价格。其中，展位销售是会展项目主要的收入来源，而一个合适的价格对招展工作、提升会展项目竞争力是十分重要的。因而，在制定会展价格时需要根据市场和场馆的具体情况进行确定。例如，会展公司在制定展位租赁价格时，一般遵循"优地优价"的原则，即那些便于展示和观众流量较大的展位价格往往要高一些。

初步预算是对会展项目所需要的各种费用和预期收入进行的初步预算，可以使会展公司对会展项目的投入和产出有一个初步的认识。会展项目的支出主要包括综合会展项目费用（即场地租金、布展搭建费用、法律顾问费用、设备费用、储存费用、注册设备和人员所需的费用、参展商会议室、休息区的费用，等等）、人力费用、印刷和促销费用、设备费用和其他支出项目等。会展项目的收入主要包括展位收入、注册费收入、门票收入、赞助收入、广告收入等。

（9）会展项目的人员分工、招展招商和宣传推广计划

这些是会展项目的具体实施计划，会展公司必须在立项策划时形成基本的思路与框架，以确保会展项目的顺利实施。人员分工计划是对会展工作人员的工作进行统筹安排。招展计划主要是为招揽企业参展而制定的各种策略、措施和办法。招商计划主要是为招揽观众参观会展而制定的各种策略、措施和办法。招展与招商计划包括两方面的内容：一是分析整理可能的客户群体，建立潜在的客户名单；二是通过宣传联络、筛选等工作选择合适的参展商。宣传推广计划则是为建立会展品牌和树立会展形象，并同时为会展项目的招展和招商服务的。宣传的方式包括媒体广告和户外广告。媒体广告包括在报纸、杂志、网站、电视、电台等媒体进行宣传。户外广告包括在机场、车站、商业街道和广场等地点以海报、灯箱、广告箱、宣传布幅、彩旗等形式进行广泛的宣传，目的就是扩大会展的影响，制造会展的声势。

（10）会展项目的进度计划、现场管理计划和相关活动计划

会展项目进度计划就是在时间上对会展项目的各项工作做出统筹规划。会展项目在立项策划时必须明确在会展项目的筹办过程中，到什么阶段应该完成哪些工作，以使会展项目筹备的各项准备工作能够有条不紊地进行。会展项目的现场管理计划是在会展开幕后的会展现场进行有效管理的计划，包括布展管理计划、开幕计划、展场管理计划、观众登记计划和撤展计划等。会展项目在立项策划时必须认真考虑现场管理计划，以便会展现场井然有序，避免混乱。会展项目的相关活动计划，也是在立项策划时必须首先考虑的。相关活动计划

是对准备在会展期间同期举办的各种相关活动做出的计划安排，最常见的相关活动有技术交流会、新闻发布会、论坛、研讨会和现场表演等，它们是会展项目的补充。

3. 会展项目立项策划书

对会展项目进行立项策划时，对于上述计划的基本要求和整体框架应当进行规划与调整。立项策划书就是对以上内容的归纳和总结，是为策划举办一个会展项目而提出的一套办展规划、策略和方法。

一般来说，会展项目立项策划书主要包括以下内容。

①办展市场环境分析。

②会展的基本框架。

③会展的价格及初步预算方案。

④会展人员分工计划。

⑤会展招展计划。

⑥会展招商计划。

⑦会展宣传推广计划。

⑧会展筹备进度计划

⑨会展服务商安排计划。

⑩会展开幕和现场管理计划。

⑪ 会展期间举办的相关活动计划。

⑫ 会展结算计划。

二、会展项目的可行性研究

在会展项目立项策划的基础上，还需要对策划方案是否可行进行进一步的可行性研究。会展项目的可行性分析是在调查研究各种信息的基础上，全面、深入地分析会展立项策划提出的方案，为最后是否执行该会展项目提供科学的决策依据的过程。

1. 会展项目可行性研究的步骤

（1）筹划准备阶段

在会展项目立项策划后，会展项目的主办单位或者承办单位可以组建研究小组，也可以委托有资质的咨询公司对会展项目进行可行性研究，主要是要明确可行性研究的范围。研究范围包括会展项目的大小、类别、地域等。并且对会展项目的背景环境进行具体分析。可行性研究的承接单位还要明确会展项目主办者的要求与目标。

（2）调查研究阶段

调查研究阶段是做好可行性研究工作的重要步骤，也是研究过程顺利开展的前提条件。调查研究的途径包括收集综合性和具体种类的会展资料进行分析、向与会展相关者直接询问、参观考察会展、现场搜集情况，等等。调查的内容包括：会展项目所处的宏观环境，包括经济环境、政治环境、文化环境和生态环境等；会展项目的市场环境，包括会展项目所涉及的行业状况，如行业的市场规模、行业发展潜力、进入壁垒及竞争环境等；举办机构的自身条件，包括人力、财力、物力等资源的支持以及会展运作的经营管理水平和经验等。对这些方面都要进行全面深入的调查和研究，以便为实施方案的制订和选择提供依据。

（3）制订和选择方案阶段

在这一阶段，需要在上一阶段充分调查研究的基础上，制订出会展项目的实施方案，即围绕项目要素目标，将会展项目的市场、资源、投入、产出等方面进行组合，设计出多种可供选择的方案。然后对备选方案进行详细的讨论和比较分析，在这个过程中要注意定性分析和定量分析相结合，也可以采用SWOT（优势、劣势、机会和威胁）分析方法详细讨论比较每个方案的优缺点，最后推荐一个或者两个备选方案给会展项目的决策者进行选择。

（4）详细研究阶段

这是可行性研究最为核心的阶段。在这一阶段要对选出的最佳方案进行深入详细的分析研究，要进一步明确项目的具体范围，并对会展项目的财务与风险情况进行评价。会展项目的财务分析是指从举办展出机构财务的角度出发，按照国家现行的财政、税收、经济、金融等规定，在确定价格的基础上，分析测算举办该会展的费用支出和收益，并以适当的形式组织和规划好举办该会展所需要的资金。其主要目的是分析策划举办的会展项目是否经济可行，并为即将举办的会展制订资金使用规划。举办一个会展可能面临的风险有四种，分别是市场风险、经营风险、财务风险和合作风险，办展机构要通过对各种风险的评估采取相应对策尽量回避和降低不确定因素所造成的风险，同时还需要对举办该会展项目的社会效益进行评估，所谓会展项目的社会效益，就是指举办该会展对当地社会各方面可能产生的影响。在这一阶段要论证出会展项目在技术上的可行性、条件上的可达到性、资金的可筹措性、风险的可化解性。

（5）可行性研究报告编制阶段

通过以上对会展项目有关内容的分析论证之后，即进入可行性研究报告的编制阶段。目前国家对会展项目的可行性研究报告并没有统一规定，所以会展项目的可行性研究报告，应该参照其他类型项目的可行性研究报告的内容和体例，并根据自身的特点来编写。

（6）资金筹措计划阶段

资金是成功举办会展的基础和前提，无论其选择何种方式或者规模，都必须在正确估算的前提下事先准备充足的项目资金。在这一阶段，应对项目资金来源的不同方案进行比较分析，同时还要考虑到由于项目实施情况的变化可能导致的资金使用情况的改变，来编制相应的资金筹措计划。就资金来源而言，筹措资金的渠道主要包括自有资金、银行贷款、合资经营和综合融资。

2. 会展项目可行性研究的内容

会展项目可行性研究的内容会随项目所涉及行业的不同而有所差别，不同行业各有侧重，但其基本内容是相同的，一般包括以下四方面的内容。

（1）宏观环境分析

会展业是一个产业关联性大、综合性强，同时又对外部宏观环境较为敏感和依赖的行业。会展项目的所有外部环境因素能够对会展项目的生存与发展产生重要影响。对于任何会展项目进行可行性分析时，都要根据会展项目的特点和主承办单位自身的特点，深入地研究并分析和预测宏观环境的变化对会展项目的影响。宏观环境因素主要包括经济环境、政治环境、社会文化环境和生态环境。

经济环境是指会展业生存和发展的社会经济状况和发展水平，经济环境的变化会对会展项目产生极大的影响。例如，2007年夏天爆发的全球性的金融危机，不仅使此次金融危机的始作俑者美国的会展业遭到巨大打击，而且据"国际专业人员会议"的调查显示，2009 年，全球 64% 的公司减少了会议花费。政治环境是指制约和影响会展项目的政治安全性、国际关系、相关的政策法规等。会展业的宏观政治环境涉及的因素非常广泛，从国际层面来看，包括政府间合作、国与国之间的关系等，这些都会对国际会展业产生巨大的影响。一般来说，各国之间的政府合作越密切，对国际会展业越有利。反之，则有害于国际会展业；社会文化环境对企业参展和观众参观会产生较大的影响，例如人们的餐饮习惯、世界各国的节假日安排等；生态环境方面对会展项目的影响主要体现在三方面：一是许多政府和国际组织都在积极地鼓励低碳环保的"绿色"会展，促进会展业真正成为资源节约型、环境友好型产业，实现可持续发展；二是办展机构所关注的多变的天气类型，这种变化对会展项目有潜在的影响，特别是在考虑何时举办会展或是在室外还是室内举办的时候；三是自然生态环境是在选择会展举办地时的一个重要因素。

（2）市场环境分析

会展项目所涉及行业的状况会直接影响会展项目的市场需求。对会展相关行业状况的分析主要包括对行业所处市场规模的分析、对行业成长空间的分析，对行业进入壁垒和其他限制的分析，对行业内部竞争状况的分析，等等。

如果一个行业的市场处于自由竞争状态，或者至少没有达到高度垄断的程度，那么选择这个行业举办会展就是可行的。而市场规模的大小将影响会展项目吸引企业参展的能力，也将对会展的规模产生直接影响。通常市场规模越大，会展项目获利空间也越大，项目目标也越容易实现。行业的成长空间，主要从三方面来分析。首先是与会展项目所属行业的发展周期有关。一般处于成长期的行业发展趋势好，市场扩张快，较适合举办会展。处于成熟期的行业，企业数量较多，开拓市场的意愿比较强烈，也是适合举办会展的。但处于初始期和衰退期的行业则不太适宜举办会展。其次，会展项目的行业成长空间与该行业在展出地及周边的分布状况有关。如果某行业在展出地周边比较集中，并形成一定的产业分工和上下关联关系，这个行业就比较适合在该展出地举办会展。最后，会展项目的行业成长空间也与会展举办地区的产业政策导向有关，属于支柱产业和主导产业范畴的行业不仅在发展环境方面得到较多的支持，同时也拥有很多踊跃参展的企业；行业中存在的限制主要是指技术壁垒，包括规模经济进入壁垒、产品差别化进入壁垒和制度性进入壁垒；要想在激烈的竞争中脱颖而出，办展机构必须深入研究会展项目所处的竞争环境，全面地了解行业内的主要竞争者。

（3）办展机构内部环境分析

会展项目不仅受到外部环境因素的制约，还受到本身拥有的资源能力的制约，因此需要对办展机构的内部环境进行分析，主要包括人力、物力和财力资源分析。在人力资源方面，要想举办大型的、成功的、具有较大影响力的会展，就需要各方面的专业人才，其中最重要的就是专业展览策划人。专业展览策划人的经验对会展项目的成功举办十分重要，甚至其过去承办大会的经验也成为竞标重要国际会展时的重要参考因素之一。此外，项目经理和其他小组成员是否具有丰富的会展管理经验和水平也是决定会展项目目标能否实现的关键因素。物力资源方面，主要指举办机构在选择会展场地时必须遵循一定的行业标准，需要考虑场馆的硬件设备、水电设施与载重量等是否符合展览需要。财力资源是指举办机构所拥有的资金情况，如果没有充足的资金支撑，那么会展的举办就会出现问题，因此办展机构需要保证多样化的筹资渠道或资金来源。

（4）项目运行的可行性分析

会展展览项目运行的可行性分析实际上就是针对整个会展项目的具体执行阶段全过程进行分析，主要包括人员安排的合理性和财务预算的可行性分析。在会展项目人员安排的合理性上，根据会展人员在会展举办过程中的作用，可将其分为两类：筹备人员和会展职能部门人员。筹备人员主要负责会展筹备期间的工作，如招商招展、宣传推广、财务和后勤等方面的工作。而会展职能部门人员则主要负责会展现场一切职能协调和管理工作，包括展位的分配安排、观众的组织和入场、展览展位设计施工、展品运输、展台和参观的接待协调等。财务预算的可行性分析主要包括会展项目的价格定位、成本收入预算、盈亏平衡分析、现金流量分析和资金筹措等。

3.会展项目可行性报告的编制

（1）可行性研究报告的编制要点

可行性研究报告是可行性分析的核心内容，为保证科学性、客观性和公正性，有效防止偏差和遗漏，一般要求编制可行性研究报告时要注意以下四方面问题。

①严肃认真，客观公正。可行性研究报告必须站在客观公正的立场上，从

资料的收集到报告的撰写，其中所有信息应当尽可能全面真实。会展项目是否可行要用科学数据来回答，决不能先定结论再去编制数据。

②准确预测，论证严密。可行性研究报告是投资决策前的活动，是对会展项目与运营实施中可能遇到的问题和结果的估计，具有预测性。因此，必须在深入调查的基础上全面系统地分析影响项目的各项因素并采用科学的论证方法，做出准确的评价和论证。

③语言简明精确，形式规范。可行性研究报告的语言应简明扼要，不采用模糊不清的词句，运用语言文字要标准。虽然目前会展项目的可行性研究报告还没有相应的国家标准，但仍需要注意内容的系统化和格式的统一，可参照其他相关可行性研究报告的框架，并根据会展项目的性质和内容统一编写。

（2）可行性研究报告的内容框架

综合考虑一般科学研究报告的撰写规范，同时要结合会展业的特性。会展项目的可行性研究报告内容框架如下。

①总论

作为可行性研究报告的第一部分，从整体上概述会展项目的基本情况中各部分的主要问题和研究结论，并对该会展项目可行与否提出最终建议，为可行性研究报告的审批提供建设性意见。

②项目背景和发展概况

主要介绍会展项目的主题定位、主承办单位情况、会展项目提出的原因与过程、会展项目的目标和范围、创新点，前期准备工作的进展情况、项目的必要性等。需要注意的是，在叙述项目概况的同时，应能清楚地揭示本项目可行性研究的重点和问题所在。

③行业市场预测及分析

按照波特的驱动行业竞争的五种力量分析，要对以下五方面进行深入、仔细的研究：行业内现有竞争对手的分析、参展商和观众分析、会展主办者分析、潜在入侵者分析和替代品分析，以明确会展产品在市场上的供求状况，从而确定会展项目最合理有益的市场定位。

④项目执行方案分析

对会展项目执行方案的基本框架进行评估，包括会展主题定位的准确性、举办时间和选址的合理性、招展招商及宣传推广计划的可行性等，主要是通过详细的讨论和比较分析，在多种可供选择的方案中选择一个或者两个方案进行推荐，在这个过程中要注意定性和定量分析相结合，也可以采用 SWOT 分析方法详细讨论比较每个方案的优缺点。

⑤项目组织及实施进度

根据会展项目的性质和内容、规模、项目运作流程以及办展机构的组织制度等，建立相关的组织管理制度，落实会展活动举办的组织保障，并根据项目的工作总量及各环节工作内容的特点，合理进行人员分工，制订相应的人员培训计划。此外，还需将项目实施期间各个阶段的工作进行统筹安排，做出合理的切实可行的项目实施进度安排。

⑥项目的投资估算及融资

可行性研究阶段的投资估算是会展项目投资决策的重要依据，是正确评价会展项目投资合理性，为项目决策提供依据的技术，也是制订项目融资方案的前提。应对项目资金来源及融资方式的不同方案进行比较分析，同时还要考虑到由于项目实施情况的变化可能导致资金使用情况的改变，来编制相应的融资方案和用款计划。

⑦项目财务分析及社会效益评价

会展项目的财务分析是指从办展机构财务的角度出发，按照国家现行的财政、税收、经济、金融等规定，在确定价格的基础上，分析测算举办该会展的费用支出和收益，并以适当的形式组织和规划好举办该会展所需要的资金。其主要目的是分析策划举办的会展项目是否经济可行，并为即将举办的会展制订资金使用规划。所谓会展项目的社会效益，就是指举办该会展对当地社会各方面可能产生的影响。由于会展项目效益综合性的特点，在可行性研究阶段还要进行会展项目的社会效益和环境效益的评价，包括提高城市的知名度、促进城市基础设施和环境的建设、提高居民的文化素质、树立城市形象等。可行性研究需要充分论证会展项目与社会的相互适应性，并以此作为决策的一个依据。

⑧项目的风险预测

风险是指某一行动的结果所具有的不确定性。举办一个会展可能面临的风险有四种，分别为市场风险、经营风险、财务风险和合作风险。风险预测首先要评估它们存在的可能性有多大，并评估它们一旦发生，对会展项目可能会造成哪些影响，办展机构是否可以规避或者克服这些风险以及它们所造成的影响。

有些风险办展机构无法控制，只能规避；有些风险办展机构可以通过有效措施来进行积极预防和消除。最后，要给出会展项目总体风险大小的简要评论，提出相应的应对对策，从而判断会展项目是否切实可行。

⑨结论和建议

根据前面各部分的可行性研究分析结果，对会展项目的行业市场状况、项目执行方案、项目组织及实施进度、项目的投资估算及融资、项目财务及社会效益评价、项目的风险预测得出结论性的评价；并对可行性研究中尚未解决的问题提出解决办法和建议；对需要修改的主要问题进行说明，提出修改意见；对不可行的会展项目，提出不可行的主要原因；最后对整体方案进行总结，提出结论性的建议。

第三节　会展项目管理

进入 21 世纪以来，我国会展经济保持快速增长，市场竞争日益加剧，如何提升会展企业的活力与竞争力已成为每一个会展企业亟待解决的问题。尤其在全球经济一体化影响下，对会展企业管理提出更高的要求，要求会展企业管理必须做到规范化、科学化和现代化。在这一过程中，会展企业的组织管理和财务管理往往处于会展企业管理的核心地位。

一、会展项目管理概述

在发达国家，经过长期的探索和总结，现代项目管理已逐步发展成为一门独立的学科体系，成为现代管理学的重要分支之一，项目管理最早出现于 20 世纪 30 年代的美国。美国项目管理协会（PMI）把项目管理定义为"把各种知识、技能、手段和技术运用于项目中，以达到人们的需要和期望"的管理活动。国际标准化组织定义项目管理为"为达到项目目标而对项目的各方面进行的规划、组织、监测和控制"。我国学者郑建瑜（2012）将项目管理定义为：项目的管理者在有限的资源约束下，运用系统的观点、方法和理论，对项目涉及的全部工作进行有效的管理。江金波（2014）认为项目管理就是把知识技能、工具和技术应用于项目各项工作之中，实现或超过项目利害关系者对项目的要求和期望的管理过程。

项目管理的主体是项目管理者，项目管理的对象是项目全过程的所有工作任务和活动项目，目的是实现项目的预定目标，即最大化满足项目相关利益主体的要求和期望。项目管理的根本手段则是常规管理手段基础上的项目专项管理手段，重点是项目的时间、质量、成本、范围、风险等专门化管理的知识、技能、方法和工具。项目管理具有复杂性、专业性、目标性、创新性、综合性等特点。

结合会展项目的管理特殊性和现在会展项目实践的应用，将会展项目管理定义为会展项目管理者在有限的资源约束下，用系统的观点、理论和方法，对会展项目各阶段工作进行计划、组织、领导和控制，以最大化实现会展项目总体目标的管理活动。

会展项目管理的基本过程包括会展项目的启动、规划、执行和结束阶段，这四个阶段各侧重于不同的工作内容，是相互衔接、相互渗透的。其基本内容主要包括会展项目的计划管理、会展项目的进度管理、会展项目的质量管理、会展项目的财务管理、会展项目组织管理和会展项目的信息与风险防范管理等，每一项内容对于整个会展项目的顺利进行都至关重要，缺一不可。

二、会展项目的组织管理

1. 会展项目的组织结构类型

会展项目的组织管理就是运用组织管理的基本原理和方法来管理会展组织，对于会展组织而言，如何在会展企业现有的各项资源的约束下，最大限度地实现会展企业的经营目标，使客户满意，是关系到会展企业生存发展的重要问题之一。科学有效的会展项目组织管理是会展项目顺利进行的重要保障因素。

会展项目的组织结构包含两层含义：一是举办会展项目的组织；二是实际负责具体实施会展项目的管理团队组织。前者会影响具体负责会展项目的团队和项目经理的工作，特别是项目经理调用组织内部资源的能力。本部分主要阐述的是会展项目管理团队的组织结构。在设置时需要遵循以下原则：目的性原则、分工协作原则、精干高效原则、管理跨度原则、系统化原则、及时更新原则和有效制约原则。

会展项目管理团队的组织结构类型有很多，常见的有以下三种。

（1）职能组织型

职能组织型结构，基本特征是按照职能原则建立会展项目组织，把会展项目委托给会展公司和政府机构某个职能部门，这个部门是对项目实施最有帮助或者可能使项目成功的部门，必要时其他职能部门需要提供协助。这种组织形式，只适用于小型的、专业性较强、无须涉及众多部门的会展项目。

职能组织型的优点：一是项目成员可同时从事项目工作和日常工作；二是同一部门之间容易沟通和协调；三是专业性强；四是项目成员发展平台好、归属感强。职能组织型的缺点：一是职能部门通常会优先考虑日常工作，降低对项目的重视；二是与其他职能部门没有正式的沟通渠道，难以取得相应的支持；三是项目成员会消极对待项目工作；四是忽视其他部门在项目上的利益。

（2）项目组织型

项目组织型结构，基本特征是项目成员按照会展项目需要进行分工，不存在固定的财务、人事、营销等职能部门，是一种独立于其他职能部门之外的、自成体系的项目结构。这种组织形式适合于大型会展项目如奥运会等。

项目组织型的优点：一是项目经理有充分的权力来管理项目；二是团队成员职责清晰、精力集中、沟通容易；三是对项目进行中出现的各种情况易于跟踪和控制，反应速度快；四是有利于团队建设。项目组织型的缺点：一是如果一个会展公司有多个项目，会造成各种资源的重复配置；二是管理成本高；三是项目组织缺乏稳定性；四是职能部门没有参与，影响项目的技术水平。

（3）矩阵组织型

矩阵组织型是现代大型项目中应用最广泛，也是更为适应会展项目特点的新型组织形式。矩阵组织型吸取了职能组织型和项目组织型的优点，并克服了这两者的不足，是两者的有机结合。采用矩阵组织型，各职能部门中与项目有关的人员被临时抽调出来，在项目经理的领导下从事项目工作，这时的成员有两个领导，这种组织形式加强了各职能部门同各项目之间的协作关系。

矩阵组织型的优点：一是有专门的项目经理对项目负责；二是可以充分利用整个公司的资源；三是项目成员专业化程度高；四是充分利用公司的人力资源。矩阵组织型的缺点：一是项目经理对成员没有足够的权力；二是各职能部门之间会进行权力资源的争斗；三是对项目成员实行双重领导；四是成员工作业绩评估较难。

2. 会展项目的团队建设

会展项目团队建设的目的在于借助团队平台及其管理，增进项目成员创造力，提高团队的工作效率，完成会展项目目标。会展项目团队要遵循科学方法组建，并以冲突管理作为其管理的重要内容。

（1）会展项目团队的概念与特征

团队是指为了达到某一确定的目标，通过分工、合作及不同层次的权力与责任结合在一起的人群。会展项目团队是围绕会展项目目标的实现而建立的具有共同规范、介于组织和个人之间的一种临时性的项目组织。会展项目团队的组建对于会展项目十分重要，它不仅能迅速解决会展项目管理所需的人力资源，还能使来源多样的团队成员短时间内融合形成一个整体，建立起会展项目发展的有效平台。会展项目团队具有成员来源的广泛性、成员工作的双重性、成员工作的变动性、经理权力的有限性等特征。

（2）会展项目团队组建的原则

要想建立有效的会展项目团队，需要遵循以下原则。

①明确会展项目的目标。共同拥有一个清晰明确的会展项目目标能够激发团队成员的激情和期待，并由此产生对项目目标的承诺和责任感，同时也有利于培养会展项目团队队员的团结与认同感。

②合理进行角色定位。角色定位即在会展项目团队组建时，要明确每个成员的角色、责任、权利和义务。会展项目的目标明确之后，项目团队成员需要了解为了实现项目共同目标而必须做的工作及相互间的关系，以避免日后不协调所引起的效率下降。并且这种分工与协作也能提高项目团队的协作能力和团队成员的工作效率。

③团队成员高度互信。有效的会展项目团队，其成员之间需要相互理解、相互尊重和相互信任，承认彼此之间存在的差异，承认团队中的每位成员都是会展项目成功的重要因素，这也有利于避免冲突。因此在团队组建中，需要形成公开表达想法的风气，通过公开交流、自由交换意见来推进团队内部的彼此信任。

④有效沟通原则。有效的沟通是解决冲突和误解的最好方法。一个高效的会展项目团队需要有足够好的沟通能力，这就需要创造团队全方位、多手段的信息沟通交流渠道，如配备先进的技术，采用正式的和非正式的信息沟通渠道，

等等，以促进营造团队开放、坦诚友好的氛围，创造一个和谐的团体，提高团队的凝聚力和工作效率。

会展项目团队可以通过任务导向法、价值观共识法、角色界定法、人际关系法等进行组建。

（3）会展项目团队的冲突管理

在实际工作过程中，现实可能与团队成员当初的期望存在着较大的偏离，成员之间或者成员与项目经理之间就会产生一些消极的抵触情绪，冲突便日益明显。会展项目团队冲突的来源有个性冲突、环境冲突、目标冲突和进度冲突。在冲突到来之时，要能够准确分析冲突的原因，合理处理冲突，并能够在冲突发生之后，通过解决冲突，总结分析，避免日后冲突再度发生。所以要求项目经理必须采取理性的、无偏见的态度去解决成员之间的争端，避免情感化的态度。

一般进行冲突管理的方法有：一是建立完善的解决冲突的方针与管理程序。即提前进行有计划的、有应对策略的准备。二是冲突双方直接沟通协调解决矛盾。项目经理应促进矛盾双方以积极的态度进行交流沟通，相互理解、相互信任。三是利用会议解决冲突。会议期间，项目经理要负责控制矛盾双方的情绪，以使会议能高效、有序成功地完成，最终解决矛盾。

3. 会展项目经理的职责与权力

（1）会展项目经理的职责

会展项目经理是会展项目团队中的领导者、协调者、组织者和管理者，在项目实施过程中通常主要承担以下四方面的工作。

①制订会展项目计划。其包括制定会展项目总体目标和阶段性目标，制订会展项目工作和控制计划，确定会展项目所需的资源、所用的技术与规章，建立管理信息系统等部分。制订周密的会展项目计划是其重要职责。

②组建会展项目团队。会展项目经理的组织能力是其能力素质的重要体现，具体职责包括组建会展项目小组、建立会展项目管理机构、制定会展项目管理责任矩阵、促进内外部有效沟通、配备各种资源等部分。

③指导会展项目活动。会展项目经理是会展项目组织的最高决策者。会展项目经理需要把握项目的方向，指引小组成员有效地完成项目目标。因此，现场和场外的及时决策是会展项目经理的重要职责。项目经理指导会展项目活动

具体包括指导项目计划的各项活动，提供阶段性的进度报告及相关信息，定期评价项目进展、调整组织结构、处理冲突、化解矛盾、减少风险，促进项目团队建设，协调解决职能部门与项目小组之间的问题，等等。

④控制会展项目过程。会展项目经理需要根据项目内部和外部的各种信息反馈，不断对会展项目过程进行控制和调整，以确保会展项目按时按质完成。具体包括确定项目活动的优先级，对项目的范围及其他变更进行评价，监控成本、速度和质量进展，等等。

（2）会展项目经理的权力

一定的权限是确保会展项目经理承担相应责任的先决条件。会展项目经理的权力有以下两方面。

①职位权力。职位权力也叫与职位相关的权力，是在某一岗位上履行职责所行使的合法的行为，包括资源支配权力、决策权力和工作评价权力。但是会展项目经理的职位权力由于种种因素的制约，相对较弱，其对团队员工的雇用、解雇、纪律、晋升和增加工资的影响程度较小。

②非职务权力。非职务权力是指除了领导职权以外，由领导者的品质、作风、知识、能力、业绩以及榜样等非权力因素所形成的个人权力。在一定范围和条件下，非权力影响力会超过权力影响力的作用，它包括经验和专业技术方面的权力、人格权力。人格权力是一种人格进程中产生的权力，也可以说是人格魅力带来的个人权力。

除此之外，要想成为一名合格的会展项目经理，取得会展项目管理的成功，还需要具备以下素质和技能：品德素质、创新素质、能力素质、知识素质、身体素质；项目管理技能、人际关系技能、情境领导能力、谈判和沟通能力、战略决策能力等。

三、会展项目的财务管理

1.会展项目财务管理概述

会展项目能够成功举办，科学的财务管理是其保障。会展项目财务管理是指遵循客观经济规律，通过对会展项目资金的筹集、运用和分配的管理，利用货币价值形式对会展项目的经营状况进行规划与控制，为会展项目目标的实现提供财务保障的综合性的管理活动。会展项目财务管理的对象主要是资金及其流转，因此现金流转的平衡是财务管理中最基本的平衡。在生产经营活动中，现金变为非现金资产，非现金资产又变为现金，这种周而复始的流转过程称为现金流转。会展项目的现金流转主要表现为资金的使用，如用现金支付人工成本、租借活动场地、支付营销费用等。不同会展项目的现金流量情况是不同的，所以会展项目财务管理应该加强对现金流的管理。

2. 会展项目财务管理的内容

会展项目财务管理的主要内容包括筹资管理、运营资金管理和成本费用管理三部分。

（1）筹资管理

会展项目的运行需要一定的资金支持，资金的来源是需要靠筹资来获得的。筹资管理所要解决的问题是如何获得会展项目所需要的资金，包括确定筹资对象、筹集时间、筹集资金、筹资的数量等。会展项目的主要资金来源渠道有两种，一种是会展企业的债务资金，是企业通过向银行贷款、发行债券、融资租赁等方式得到的资金；另一种是会展企业的自有资金，是企业吸收的国家、企业法人、个人的投资、发行股票和企业内部留存收益等方式取得的资金。举办机构需要通过多种形式来筹集资金，尽量减少资金不确定因素给会展项目带来的风险。

（2）运营资金管理

会展项目运营资金是指为满足会展企业日常经营活动的需要而垫支的资金，在会展项目进行过程中快速周转的资金，其有广义和狭义之分。广义的运营资金又称毛运营资金，是指占用流动资产上的资金；狭义的流动资金又称为净运营资金，是指流动资产减去流动负债后的余额。运营资金在会展项目的全部资金中占有相当大的比重，在一定时期内资金周转越快，越能取得更多的收入获得更多的报酬，所以是财务管理工作中的一项重要内容。为了保证资金的正常运转，会展项目组织者除了必须重视运营资金的管理，还要合理预测会展项目的规模和成本费用，除确定运营资金需求量外在保证会展项目顺利进行的前提下，还要节约使用资金，加速资金运营周转，提高资金使用效率。

（3）成本费用管理

会展项目成本费用管理是指项目组织者为保证项目目标的实现在整个项目的实施过程中，将费用支出限制在预算计划内，并对项目实施过程中发生的成本费用进行检查、监督和控制，努力将实际成本控制在预算的范围内从而实现目标利润的过程。

3. 会展项目财务管理的目标及其原则

（1）会展项目财务管理的目标

会展项目财务管理的目标与会展企业目标是分不开的，不同会展项目组织的管理目标，有不同的要求。但是基本要求是一致的，主要有以下两个目标。

①利润最大化目标。利润最大化目标是指在满足投资者必要报酬率的前提下，争取尽可能多的税后利润。以利润最大化为目标的项目类型多是商业型的，以盈利为目的。

②外部效益最大化目标。会展项目的外部效益是指通过会展项目的实施对企业未来经营环境的改善程度。外部效益最大化目标就是通过开展会展项目最大限度地改善企业经营的外部环境，即获得最为准确可靠的市场资料、最大限度地提升产品和企业自身的声誉、最大限度地增加未来客户等。

（2）会展项目财务管理的原则

在具体的生产经营环境下，会展项目财务管理要达到与企业目标相一致的财务目标，就必须要以一定的财务管理原则为依据。一般来说，会展企业财务管理所要遵循的基本原则分别是：资源合理配置原则、收支平衡原则、成本效益原则、风险与收益均衡原则和利益关系协调原则。

①资源合理配置原则。这里的资源通常特指经济资源，也就是通常所说的企业资产。资源合理配置原则的核心要求会展企业的各个相关财务项目必须在数额上和结构上相互匹配与协调，最大程度上实现资源的有效利用，从而实现会展项目经济效益的目标。

②收支平衡原则。会展项目财务管理的收支平衡是指资金的收入支出在一定时期内和一定时间点上的协调平衡。要保证资金周转能顺利进行，就要求资金收支平衡。收不抵支，必然导致资金周转的中断和停滞，即使一定时期的收支总额达到平衡，但是支出在前，收入在后，也会妨碍资金的顺利周转。因此，会展企业要坚持生产和流通的统一，使企业的供、产、销三个环节相互衔接，保持平衡。

③成本效益原则。如果成本发生以后未取得效益，或者发生的成本大于所取得的效益，则会出现亏损，更谈不上经济效益。成本效益原则是投入产出原

则的价值体现，是会展企业的生产活动得以延续和发展的基本要求。在会展项目财务管理中，成本效益原则的核心是要求会展企业在成本一定的条件下应取得尽可能大的效益，或是在效益一定的条件下应最大限度地降低成本。

④风险与收益均衡原则。随着市场经济的发展和竞争的日趋加剧，会展企业在获取收益的同时会伴随着较大的风险，在会展企业的经营管理中，风险与收益均衡原则的核心是要求会展企业不能承担超过收益限度的风险，风险与收益达到平衡，高风险必须有高收益。在收益既定的条件下，应最大限度地降低风险。收益和风险的不平衡会对会展企业整体目标的实现产生不利影响，从而也会累及会展企业的发展和生存。

⑤利益关系协调原则。会展企业与投资人、债权人和内部员工之间的关系是一种经济利益关系。经济利益关系经常会出现不协调甚至矛盾的情况，如果得不到及时解决，轻则影响各方的积极性，重则导致会展企业财务状况恶化，甚至引发社会问题。利益关系协调原则的核心是要求会展企业在收益分配中，包括税金的缴纳、股利的发放、利息的支付、工资的计算等方面，要做到国家的利益与自身和员工的利益，投资人的利益与债权人的利益，所有者与经营者的利益相互和协调。只有这样才能不断改善财务状况，增加财务收入，为会展项目顺利进行提高效益创造条件。

第四章 会展招展策划与指导

第一节 会展招展的前期准备工作

会展招展就是办展机构招揽企业参加会展项目的展出活动的行为，是会展项目成功运作的基础。招展策划是对招展活动方案进行的策划，是会展项目整体策划中最基础的工作之一，也是会展筹备过程中最重要的环节之一。会展招展的前期准备工作包括建立目标参展商数据库、展区和展位的划分、招展价格制定以及招展方案的基本内容。

一、建立目标参展商数据库

招展策划首先要通过各种方法广泛地收集目标参展商的信息，建立一个完备的目标参展商数据库，为会展招展做好基础性的准备工作。目标参展商是指办展机构认为可能会来参加会展的企业和其他单位，这些企业主要是该会展展览题材所在行业的企业，也有少数是与该题材所在行业相关联的行业的企业。参展商数据库应尽量全面、真实、完备，包括展览题材所在行业的企业的基本数量、特征和分布的相关信息与每一个企业的具体信息。参展商与观众的支持是会展长期运作下去的根本保障，参展商的连续参展率是衡量一个会展成功与否的两个很重要的数据之一；另一个很重要的数据是观众的连续观展率。所以建立一个完整实用的目标参展商数据库，对于会展的成功举办是非常重要的。

1.目标参展商数据的收集

要建立一个完整实用的目标参展商数据库，首先必须广泛地采用多种方法收集目标参展商的有关信息。会展项目管理人员收集参展商的信息主要包括企业名称、主要负责人、产品名录、参展历史及企业信誉、联络方式等。除此之外，办展机构还要从总体上、宏观上对这些信息加以分析和把握，如分析该行业企业的结构状况、分析该行业企业的地区分布状况、了解该行业的市场特点，等等。

（1）老客户信息收集

对于会展项目企业老客户的信息收集，可以从会展项目企业的项目历史记录和档案中获得，会展项目企业应建立客户信息系统，将大量客户信息归档保存。

（2）新客户信息收集

对于新客户的有关信息，可以通过各种渠道进行收集，主要有以下六种渠道。

①行业的企业名录。很多行业都有行业内企业的名录，办展机构可从中找到大量的参展商信息，包括电话黄页和各种年鉴中附有的企业名录。

②各地的商会、连锁协会、行业协会等行业组织。办展机构应与其建立密切关系，从中了解行业内企业的情况。行业协会一般掌握着行业内最丰富的客户资源，办展机构要与行业协会进行合作，获得参展商来源，可以考虑让行业协会参与主办或协办会展。

③政府相关部门。政府主管部门对其所主管行业的企业有较详细的了解，可以从中获取信息。特别是可以通过政府有关部门获取国际专业买家和销售代理商的信息。政府有关部门也可以向办展机构提供国外市场分析资料。

④同类会展。办展机构需要关注同类会展的信息报道，亲自参加是最理想的一种方式。

⑤新闻媒体。主要包括各个行业的专业刊物和互联网上的企业网站、行业网站等。这种渠道往往能了解到行业发展的前沿动态，具有前瞻性。

⑥委托调查。办展机构可以委托会展咨询公司寻找潜在的会展参展商，或向这类机构购买有关企业的信息资料，掌握相关信息。

2. 建立目标参展商数据库的原则

目标参展商数据库是指将所有目标参展商的有关信息，按照一定的规则建立的数据库。建立目标参展商数据库的基本原则是数据库要有一定的数据量；分类科学合理；数据真实可靠；便于查找和检索；可以及时修改但是有一定的修改权限限制；数据库的用户界面要友好、简洁、一目了然；数据库要适合在局域网上使用；支持多用户同时使用；等等。

3. 建立目标参展商数据库的步骤

可以通过以下三个步骤来建立目标参展商数据库。

（1）选择与会展主题定位相同的企业

办展机构所面对的客户是一个广泛复杂的群体，不同的客户有着不同的参展需求。在录入计算机前，应根据客户的消费历史、消费偏好以及交易资料等进行初步筛选，将不完整的数据补全，将重复的信息去掉。

（2）输入计算机

办展机构需要考虑清楚，哪些数据是数据库使用者所关心的，怎样才能使这些数据变得对他们更为有用。一个目标参展商数据库包括的基本信息有目标参展企业名称、电话、客户编码、统计数据、客户查询方式等。这些信息对每个客户来说，都应该是唯一的。

（3）随机检验数据库的有效性

目标参展商数据库建立是为招展服务，数据库的界面应友好、简洁、分类准确、便于查询、出现问题能及时修改和调整等。

需要指出的是，建立数据库不仅需要有较强的计算机专业知识，也需要有丰富的会展展览题材所在具体行业的知识，如果办展机构缺乏这样的人才，可以请其他专业公司负责帮助实施。

二、展区和展位的划分

展区和展位的划分是招展方案策划的一项基础性工作，会展一般通过展品类别来划分展区，在每个展区里，还要根据场馆的场地特征划分展位，确定哪些地方搭建特装展位，哪些地方搭建标准展位，两种展位各自需要多大的面积。展位划分科学、易于参展、便于现场管理与服务、展场气氛适宜是办展机构进行招展策划的成功关键所在。

1. 展区和展位划分的原则

（1）专业分类的原则

根据专业题材来划分展区，不仅可以使会展现场条理清晰、秩序井然，也方便专业观众根据自己的需要选择参观专业展区。所谓按专业题材划分，就是指在满足产品对场地要求的基础上将同类产品安排在同一个展区里展出。

（2）便于观众参观的原则

便于观众参观的原则指展区展位的划分要注意适应参观人流的行走规律。一般来说，展会人流规律是人们进入展馆后习惯于直接向前走，如果不能直接向前就习惯于向右转；另外在展馆的入口处、主通道、服务区和大的展位前容易聚集人群。所以在展馆的入口处要留出一定的区域供参观人流聚散，展场的各种通道要达到一定的宽度以便参观人流通过。

（3）便于现场管理服务的原则

展区展位划分时要注意消防安全，不能遮挡展馆的重要安全设施，以便于遇到紧急情况时及时疏散人群。最好不要有闲置死角，要方便展台的搭建、拆装与运输，便于现场的管理与服务。

（4）营造展馆气氛的原则

营造展馆气氛，主要是要求展位策划人员必须对售出展台数量和参观人数之间的平衡足够敏感。参观人数过少出售展台过多或者参观人数少出售展台多，这两种情况都不利于营造展馆的气氛。因此要保证会展的成功举办，就必须在二者之间保持平衡。

2. 展位划分时的注意事项

（1）展位数量与展台搭建

展位面积通常为 9 平方米，称为标准展位。超过 4 个标准展位面积的，称为特装展位。特装展位可以只预订地表面积，参展企业可以根据自身产品的特点、市场定位、展览期间的活动安排等自主决定展位的装修。这类展位能充分体现企业文化，宣传其品牌理念，非常有利于树立企业的整体形象。

（2）"祖父"原则

会展组织者在划分展位时，常采用"祖父"原则，即连续参展商可以提出在下一届展览会继续展出同类商品、租用同一展位的申请，办展机构将优先考虑和满足连续参展商的利益和要求，甚至有些时候，还允许连续参展商拥有长期或永久性展位。

（3）注意展馆资源的利用与公共区域的合理配置

一个会展除了展示区外，还有一些公共服务区域如登记处、咨询处、休息处、新闻中心等。要做到统筹兼顾、因地制宜，在保证会展质量与气氛的前提下提高展馆的利用率。

划分好展区和展位以后，要按照一定的比例将它绘制成会展展位平面图，并在图上标明各展区和展位的具体位置，标明展馆各出入口、楼梯、现场服务点等，以便参展商在选择展位时能够一目了然，清晰明确。展位平面图是会展招展时需要经常使用的主要资料之一，在绘制时一定要准确、细致，图标和线条要十分清楚。展位的种类按照展位形状来分，主要有道边形、内角形、外角形、半岛形、岛形和通道形等。

三、招展价格制定

确定一个合理的招展价格，对会展的经济效益和社会效益都有着重大的影响，也是会展招展策划的主要内容之一。

1. 招展价格的制定原则

招展价格就是展位的出售价格，招展价格的高低是会展项目竞争力的重要体现，一个合理的招展价格，对于吸引目标参展商、最大限度地实现会展项目目标具有重要的意义。办展机构在确定展览价格时，需要注意以下五点。

（1）要充分考虑竞争的需要

制定会展的招展价格时，办展机构要充分考虑到市场中同类展会的价格状况。办展机构要充分评估本会展在市场上是处于领先地位还是处于跟随地位，以制定相应的价格策略。

（2）要结合会展的发展阶段来定价

每个会展都会有一个初始、成长、成熟和衰退的发展阶段。在会展的初始阶段，会展的知名度还不高，因此会展的招展价格不宜定得太高；在会展的成长阶段，会展在市场上已经有了一定的竞争力和知名度，这时会展的招展价格可以适当地提高；在会展的成熟阶段，会展在市场上的地位基本稳定。本会展与其他同类会展的价格基本相对固定，参展企业的数量也基本固定，会展的规模也难以进一步扩大，这时会展的招展价格也应基本固定，不宜变动；在会展的衰退阶段，会展的竞争力开始减弱，参展企业开始逐渐减少，会展的规模也在逐渐缩小，会展面临着要么被放弃要么就需要重新策划和定位的命运，这时会展的招展价格应该较低。会展的发展阶段对会展的招展价格有十分重要的影响，因此在制定会展的招展价格时必须充分考虑这一点。

（3）要考虑会展的价格目标和价格弹性

出于不同的价格目标，会展的招展价格不尽相同。是采取生存目标，还是市场份额目标，或是利润目标，会展价格就会发生改变。同时需要考虑会展的价格弹性。价格弹性是指当价格每变动1%时，会展展位销售量变动的大小。它是用来表示招展价格的变动对展位销售量影响大小的参数。如果会展的价格弹性较大，招展价格的降低就会引起展位销售量的大增；如果会展的价格弹性较小，招展价格的降低对展位的销售就不会产生什么影响；如果会展的价格弹性为负数，那么招展价格的降低不仅不会促进展位的销售，反而会使展位销售量大幅下降。因此，会展招展价格的高低，不是随意确定的，办展机构应该考虑会展价格弹性的大小。

（4）要考虑会展展览题材所在行业的状况

其主要是考虑该行业平均利润率的大小和该行业的市场发展状况。行业平均利润率的大小决定了该行业企业的盈利水平和支付能力，如果行业平均利润率较小，那么该行业企业的盈利水平和支付能力也不会高，这时，如果会展的招展价格过高，企业将无法承受。反之，会展的招展价格就可以相应地定得高一些。行业的市场发展状况也是制定会展招展价格时需要考虑的另一个重要因素，例如，如果行业处于买方市场状态，企业参展的积极性就较高，会展的招展价格就可以定得高一些。如果行业处于卖方市场状态，企业参展的积极性就较低，会展的招展价格就应该定得低一些。

（5）要考虑展位位置和展商来源

考虑展位位置和展商来源也就是考虑展区和具体展位的位置差别，办展机构一般是遵循"优地优价"的原则，即一般参展商的展位位置越好，付出的价格就越高。另外还要考虑展商来源的不同，国外参展商与国内参展商的展位价格普遍实行价格"双轨制"，即对国外参展商与国内参展商指定不同的展位价格，国外参展商的展位价格一般要比国内参展商的展位价格高，但同时国外参展商的展位位置一般也要优于同档次的国内参展商的展位位置。

需要进一步指出的是，上述各因素往往彼此影响，互相牵制，因此在制定会展的招展价格时，应对上述各因素进行全面考虑。

2.招展价格折扣

招展价格折扣是办展机构在其定价之外，给予参展商或者招展代理的一种价格优惠，其主要目的是吸引更多的目标参展商。同时还会促使参展企业为了得到折扣优惠而提前付款、大量购买或在淡季购买。对于那些刚刚创立、尚处于初始期的会展来说，给予参展商一定的价格优惠，是促进会展迅速成长壮大的一种有效办法，也是一种十分必要的措施，办展机构常用的价格折扣有以下四种。

（1）统一折扣

所有的参展商都实行一个统一的折扣标准。即按参展商参展面积的大小来确定。参展面积越大，所得到的折扣也越大；当参展面积达到一定的规模时，折扣不再增加。

（2）差别折扣

按参展商的地区来源不同，对标准展位和空地展位执行不同的折扣标准，针对不同的情况执行不同的价格折扣。

（3）特别折扣

通常是给予那些参展规模巨大、在行业内有较大影响力和知名度的企业。这些企业的参展对于提高会展的档次和影响力，促进其他企业参展有重要影响。

（4）位置折扣

位置折扣是针对展馆内场地位置的优劣而制定的折扣标准。同一个展区内不同的展位，其位置有好有坏，同一个展馆内不同的展位位置好坏也有差别。为了避免相对较差的位置无人问津，对这些较差的位置可以给予较多的价格优惠。

此外，在拓展价格的执行过程中，办展机构必须严格管理和监督，因为如果价格折扣执行得不好，往往会引起会展招展价格的混乱从而引发一系列消极的影响。

四、招展方案的基本内容

招展方案是对会展招展工作的总体规划和全面部署，其内容涉及会展招展工作的方方面面，十分复杂。总的来看，招展方案应该包含以下十方面的内容。

①行业信息分析。从宏观上介绍和指出展览题材所在行业在全国的分布特点，指出各地区的产业发展状况，介绍该产业的企业结构状况及分布情况，这

些内容是制订招展方案的重要依据。因此，这部分内容一定要密切结合产业实际，科学分析，力求准确无误。

②展区和展位划分。介绍会展对展区和展位的划分与安排情况，并附上展区和展位划分平面图。

③招展价格。列明会展的招展价格及制定该价格的依据。招展价格是招展方案的核心内容之一，也是对招展工作有重大影响的因素之一，招展价格要合理，价格水平不能太高，也不能太低。

④招展函的编制与发送。介绍招展函的内容、编制办法和发送范围与方法。在进行招展函的编制计划时，要考虑到招展函的印制数量、发送范围和发送方式等问题。

⑤招展分工。对会展的招展工作分工做出安排，包括招展单位分工安排、本单位内招展人员及分工安排、招展地区分工安排等。

⑥招展代理。对会展招展代理的选择、指定和管理等做出安排，对代理佣金水平及代理招展的地区范围与权限等做出规定。

⑦招展宣传推广。对配合会展招展所做的各种招展宣传推广活动做出规划和安排。

⑧会展营销办法。提出适合本会展展位营销的各种渠道、具体办法及实施措施，对招展人员的具体招展工作做出指引。

⑨招展预算。对各项招展工作的费用支出做出初步预算，以便会展能及时、合理地安排各种所需要的费用支出。

⑩招展总体进度安排。对会展的各项招展工作进度做出总体规划和安排，以便控制会展招展工作的进程，确保会展招展成功。

第二节　会展招展分工和代理

招展分工是对会展的招展工作分工做出安排，包括各招展单位分工安排、本单位招展人员及分工安排、招展地区分工安排等。招展分工和招展代理是招展策划和管理的重要环节，是会展项目招展工作顺利进行的重要保障。制定会展招展代理是办展机构借用外部力量来扩大招展业务的一种有效手段，它可以增加招展单位的业务网络，扩大业务规模，提高经济效益。

一、招展分工

会展的招展单位一般不止一个，我们在招展策划时必须明确各招展单位的分工，以避免各单位招展工作出现混乱和招展地区出现重复交叉的情况。

1. 各招展单位分工安排

当会展由几个单位共同来负责招展时，招展策划必须明确各招展单位之间的分工，如各招展单位必须共同遵守的招展原则、各单位的招展面积指标、各单位的招展地区和重要潜在客户、参展费用的收取办法等。对各招展单位的招展工作进行分工，是保证会展顺利招展的重要步骤。对各招展单位之间的招展分工，必须合理、协调和具有可操作性，同时兼顾各方面的利益，一定要结合各单位的招展实力，充分发挥各单位的优势，做到优势互补，双方共赢，共同完成会展的招展任务，避免出现分工不合理造成的有些单位完不成招展任务的情况，或者因为分工缺乏协调性和信息不流畅等，出现几个招展单位争抢同一家目标参展商的混乱局面等。

2. 本单位招展人员及其分工安排

无论会展的招展工作是由几个单位共同负责，还是只由本单位一家负责，招展单位都要对本单位的招展人员及其分工做出安排。首先要确定调查人员名单；其次要明确各招展人员负责招展的地区范围和重点目标客户名单；再次要制定各招展人员的信息沟通和工作协调办法；最后统一安排展位的措施。

和不同单位之间的招展分工一样，单位内招展人员之间的分工也要注意发挥各自的特长，统筹避免在招展过程中出现招展任务不明确、跟进措施不力、彼此信息不通等现象。

3. 招展地区分工安排

招展地区分工安排就是要明确各招展单位和每个办展单位内部人员的招展地区范围，是进行招展分工安排的重要内容。在进行各招展单位的地区分工时，要注意结合各招展单位的地域优势，将其分配在各自较为熟悉的地区，充分发挥其在当地的影响力，以扩大招展规模和影响力，提高招展效率。在进行每个办展单位内部的分工时，要合理安排各招展人员招展的地区范围，同时还要明确区域内的重要潜在客户，以保证招展质量和效果。在招展过程中，一定要注意信息沟通的畅通和协调，避免因招展地区的重合而造成不必要的浪费和冲突。

二、招展代理

招展机构除了自行招展以外，还可以借用外部力量，即利用招展代理商来完成招展业务，以此增加招展单位的业务网络，扩大业务规模，提高经济效益。对招展代理商的管理包括对其的选择、聘用及代理期限、权利与责任的明确、代理佣金水平的制定等内容。

1. 招展代理的内涵和主要类型

招展代理，是指代理商与办展机构签订合同，在办展机构规定的权限范围内代理招商，并按照实际销售的展位数量或金额提取相应比例的代理佣金。招展代理可以分为独家代理、排他代理、一般代理和承包代理四种类型。

（1）独家代理

独家代理指在某一时期内，办展机构将某一地区的招展权指定给一个代理商独家负责，在该地区不再有其他代理商为本项目招展，本办展机构也不得在该地区招展。对独家代理商而言，本地区负责展览会招展业务的仅此一家，没有竞争对手，因此可获得较多的市场机会和较大的盈利空间。

（2）排他代理

排他代理指办展机构将一定时期内某一地区的招展权赋予一家代理商，该地区不再有其他代理商为本项目招展，但本办展机构可在该地区招展。

（3）一般代理

一般代理指办展机构在同一地区同时委托多家代理商作为本项目的招展代理，本办展机构也可在该地区招展。选择一般代理的形式进行招展时，必须明确各代理商的招展权限，且代理条件必须统一、明确。

（4）承包代理

承包代理指代理商从办展机构手中承包一定数量的展位，不论能否完成约定的展位销售数量，代理商都应按约定的展位付费给办展机构，这是一种包销展位的代理形式。

2. 招展代理商的选择

办展机构选择招展代理商时，需要综合考虑多种因素。一是要保证代理商的资质可靠，因为只有可靠的代理商才能切实地履行招商职责；二是代理商的业务覆盖区域应与会展项目所要达到的目标市场相一致，同时，代理商应熟悉会展题材所涉及的行业，且在该行业领域内具有业务优势；三是代理商应有较强的招展能力，其以往的招展业绩良好；四是招展代理商还应具备一定的营销管理水平和营销能力。

对于不同性质的招展代理商，办展机构考察的侧重点会有所不同，除了招展公司外，行业协会（或商会）、相关媒体、个人、外国驻华商务机构或贸易代表处等，都是招展代理商的来源。为保证招展代理商的资质可靠，必须对其进行考察，只有符合条件的机构和个人才能成为招展代理商。

对于从事代理招展的公司，主要考察其以往的代理业绩、其所熟悉的行业和业务范围、业务覆盖领域、营业执照（包括发证单位和有效期等）、人员数量、业务规模、办公地点、负责人等。

对于协会或商会，主要考察其成立的时间、覆盖的地域、会员数量、对行业内企业的领导力以及批准成立的单位等。

对于相关媒体，主要考察其发行量、覆盖范围、在行业内的权威性和影响力等。

对于个人代理，需要重点考察其可靠性和信誉度，包括其身份、履历经历、业务能力、社会关系以及个人荣誉等。

对于国外代理，主要考察对其以往的代理业绩、公司注册证件、个人有效证件、机构证明等，必要时还可通过我国驻国外商务处、贸易代表处和公司协助了解。

3. 代理的聘用及代理期限

确定了招展代理的类型和招展代理商后，聘用代理的程序是：取得必要的证明资料，对代理商进行资质验证，确定代理商的资质可靠；会展项目经理或业务员初步与代理商议定代理条件，项目总监或经理审查代理条件；公司负责人（总经理或副总经理）批准代理条件，签订代理合同。

代理的期限，就是拓展代理商代理招展期限的长短。对于不同的会展、不同的代理形式应制定不同的代理期限：对于独家代理与排他代理，刚开始时不应将期限定得过长，可先试用一届（年），再视其业绩来确定时间的长短；对于一般代理，代理期限一般是一届（年），期满后视情况再决定是否继续或向独家代理与排他代理转变；对于承包代理，代理期限一般是一届（年），期满后视情况再决定是否继续聘用，对于那些业绩稳定、信誉良好的代理商，可与其建立较长期的代理关系。

4. 代理商的权利与责任

聘用招展代理，要明确他们的权利与责任，只有权利与责任明确，代理的工作才能更好地展开。

代理商的权利包括按合同规定收取佣金、从办展机构获取招展必需的完整资料、按合同享受办展机构对展会及代理商的宣传推广、在规定时间内预订的展位能得到保证。

代理商的责任包括按合同规定的代理形式和条件切实履行职责，依法经营；有责任对所代理的展览项目进行宣传推广；定期向办展机构有关负责人汇报情况；对办展机构划定的展位不得有异议；维护办展机构和会展的声誉和形象；按办展机构规定的价格（或价格范围）招展，按时收取和缴纳参展款（含定金）；不得对办展机构制定的参展条件进行私自改动；必须协助办展机构做好参展商的服务工作。

5. 代理佣金

代理佣金要根据代理的形式、代理期限的长短、代理商的业绩等来综合确定。独家代理、排他代理和一般代理的代理佣金，一般按办展机构实际收到的由该代理商招来的参展商所交参展费总额的 15% ~ 20% 提取；承包代理的佣金一般要高一些，如 25% 或更高。承包代理一般只有在完成承包展位数量后才可提取佣金。为了鼓励代理商的招展积极性，给代理商的佣金可以采取累进折扣制，即按招展的数量给予对应的佣金比例。佣金比例的可按该项代理佣金的比例上下浮动 5% ~ 10% 计算。

代理佣金支付的时间和方法，可根据具体情况分别采取以下三种办法。

①定期结算、定期支付。按季度或月度结付。提取佣金的基数以实际进入办展机构账户的展位费为准。

②逐笔结算、汇总支付。代理商每促成一笔交易，办展机构收到由该代理商招来的参展商的参展费后即与之结算，但到规定的时间才支付。

③逐笔结算、逐笔支付。代理商每促成一笔交易，办展机构收到由该代理商招来的参展商的参展费后即与之结算并支付本笔交易的佣金。另外，无论采取何种结算支付形式，都必须规定由此产生的营业税和个人所得税的扣缴办法。

第三节　会展招展宣传推广策划

当前我国会展市场的供求结构正在发生变化，绝大多数会展项目已由卖方市场转向买方市场。面对日渐增多的同类题材会展项目，在激烈的市场竞争中，如何突破目标客户的选择壁垒，在同类竞争项目中脱颖而出，对于办展机构而言是一个重大命题。会展宣传与推广工作就显得非常重要。会展宣传与推广指办展机构有目的、有计划地开展的一系列旨在促进招展、招商以及树立会展品牌形象的活动。对会展项目进行成功的商业包装和市场推广，可以有效地传播会展品牌形象，提升会展品牌的知名度和美誉度，进而达到提升品牌竞争力和扩大市场份额的目的。招展宣传推广策划的步骤如下。

一、明确招展宣传的目标及对象

会展项目管理人员要明确通过会展宣传推广所要达到的目标，如招展、招商或树立会展品牌形象。会展宣传推广的目标具有一定的阶段性，在会展的不同阶段，其主要任务也有所不同。例如，在会展筹备阶段的前期，宣传推广的目标偏重于招展，而在后期则偏重于招商。招展项目管理人员还要根据会展项目的类别确定宣传推广的对象，也就是确定潜在的目标参展商，决定参展商的类别和数量。

1.参展商的类别

参展商的类别包括经营类别和规模类别。

经营类别也就是专业类别，招展专业要对口，对于参展申请者，会展企业必须根据会展项目的目标和任务、会展性质和主题将参展商限制在一定的专业或行业范围内。

规模类别主要为中小企业。政府部门、贸易机构、商业协会所熟悉的大企业可能无意参加集体展览。因为这些企业已经有实力单独举办会展。而新获外贸经营权的企业、中小企业、边远企业最需要开拓新市场的机会，最需要外力的支持，因此最有可能参加集体展览。这类企业应该是招展宣传的主要对象。

2.参展商数量

参展商数量不是会展企业完全能控制的因素，通常受两方面的制约。一方面是受参展商意愿的制约。这与会展项目的题材选择密切相关，可能对会展项目感兴趣并且申请参展的公司非常多，也可能非常少；另一方面是受会展项目举办地接待设施和场馆等客观条件的制约，使有意愿的参展企业无法参展。

二、制定宣传推广资金预算

招展项目的管理人员在确定招展宣传推广的目标和对象后，需要对招展宣传推广工作所需的资金进行预算。根据会展业的普遍做法，办展机构一般会将会展项目预期收入的10%～20%作为会展宣传推广的投入。另外，办展机构还可以通过任意支出法、支出可能法、目标达成法等方法来制定宣传推广资金的预算。

一般来讲，招展宣传推广的费用包括广告宣传费、招展资料印刷费和邮寄费、公关活动费和行政办公费四类。

三、准备招展宣传推广资料

招展宣传推广资料包括会展资料、市场资料、招展要求和安排、协议或合同以及有关集体展出的优势与利益的说明。资料的形式有新闻资料、情况介绍资料等。

新闻资料主要用于宣传，其目的是使潜在参展商知道展出项目，引起他们的兴趣。新闻资料内容要求简短、全面。简短是指言简意赅，表达出主要的内容；全面是指资料要包括会展的基本情况，如时间、地点、内容、性质，市场的规模、特点、潜力，组织者联系地址、参展手续、申请截止日期以及集体展出的优势等方面的情况。将新闻资料整理成套，提供给媒体（包括内部刊物）用于新闻报道。新闻成套资料也是制作广告的素材。

情况介绍资料的基本范围与新闻资料相同，但是内容要更为详尽，便于潜在参展商对展出项目有足够的了解，以便做出判断和决定。情况介绍资料包括参展申请表和参展的基本要求及手续。情况介绍资料同样也要求能够引起潜在参展商的注意并激发他们的参展兴趣。情况介绍资料中用于参展商对展出项目表示出兴趣后进一步了解展出项目。情况介绍资料整理成套供潜在参展商索取，或者由办展机构主动提供给重要的潜在参展者。

第四节　会展招展函和参展手册的编写

一、招展函

招展函是办展机构用来推介会展以吸引目标参展商参展的小册子，招展函的主要作用是向目标参展商说明会展的基本情况，并引起他们的参展兴趣。招展函是展位营销的核心资料之一，也是目标参展商了解会展情况的主要信息来源，招展函的编制在招展策划和展位营销工作中占有重要的地位。

1.招展函的主要内容

为了能使目标参展商对会展有足够的了解并对会展做出基本的判断，招展函介绍会展的内容必须准确而全面。一般来说，招展函包括以下内容。

（1）会展的基本内内容

包括会展名称和 LOGO（徽标）、会展的举办地点和时间、办展机构名单、办展起因和办展目标、会展特色（用非常简洁的语言高度概括会展特色，如会展的宣传口号、会展主题）、展品范围和价格等。

（2）市场状况介绍

结合会展的定位，对会展题材所在行业的状况进行简要介绍，如行业生产、销售、进出口及发展趋势等。此外，还要简要介绍办展所在地区及国家的市场状况。

（3）会展招商和宣传推广计划

主要包括会展的招商计划、宣传推广计划、相关活动计划、会展服务项目等。

（4）参展办法

主要包括如何办理参展手续、详细的付款方式、参展申请表和办展机构的联系办法等内容。

（5）各种图案

招展函中还应包含一些图片和其他图案，如招展图、招展周边地区交通图、往届会展现场图片等。这些图片可以对会展相关情况进行说明，也起到了装饰招展函的作用。

2. 招展函的编制原则

办展机构在编制招展函时，要对其内容、图片和版面进行细致的规划与安排。编制招展函应遵循以下四点原则。

（1）全面准确

招展函是参展商了解会展的重要资料，也是他们做出参展决策的主要依据，在办展机构与其目标客户进行沟通和联系时起着重要作用。因此，招展函所包括的内容一定要全面、准确，不能出现差错。同时，还要生动、简洁，令人一目了然。

（2）简单实用

招展函的内容要简明、实用，切忌拖沓，与招展无关的任何内容均不能出现在招展函上。

（3）美观大方

招展函的版式安排、文字图片等布局要美观大方，让人赏心悦目。同时，文字的字体要符合人们的阅读习惯。

（4）便于邮寄和携带

招展函一般要通过邮寄或招展人员的携带而传递到目标参展商手中，因此，招展函的制作样式要便于邮寄和携带，否则会给招展工作带来不便，还会增加会展的办展成本。

3. 招展函的设计要点

会展招展函的设计要点主要包括：会展名称和徽标（Logo），一般放于招展函封面最醒目的位置，会展名称应用较大字体；内容应准确无误，语言简单明了，如果是国际性会展，则文字部分应该是中英文对照的；设计时应充分利用图片，重要的图片应精心制作，印制清晰，排版布局应美观实用；招展函文字中的字体类型最好不超过三种；招展函的设计应有深浅颜色的对比色块；突出显示参展登记表，表明会展招商负责人的联系方式，如电话号码、电子邮件地址等；招展函的印刷包装纸张要讲究，要便于携带和传递。

二、参展商手册

参展商手册是办展机构将筹展、布展、展览以及撤展各阶段参展商应注意问题的汇编，以方便参展商进行参展准备的小册子。编制参展商手册是展览会筹备过程中的一项重要工作。

1. 参展商手册的主要内容

从某种意义上讲，参展商手册既是帮助参展商进行参展筹备的纲领性文件，又是办展机构对会展布展、展览和撤展等各环节进行有效管理的指导性文件，参展商手册包含的内容涉及举办会展的各个环节。参展商手册的主要内容包括以下八方面。

（1）前言

前言主要是对参展商参加本会展表示欢迎，说明本手册编制的原则和目的，提醒参展商在筹展、布展、展览和撤展等环节要自觉遵守本手册的相关规定。前言一般都很简短，言简意赅。

（2）展览场地基本情况

展览场地基本情况包括展馆及展区平面图、展馆周边的交通图、展览场地的基本技术数据等。绘制展馆及展区平面图时，要注意标明展馆各种服务设施所在的位置、展区和展位划分的详细情况、展馆内部通道和出入口等；在绘制展馆周边的交通图时，要注意标明展馆所在城市的具体位置、到展馆的主要交通工具和交通路线、各指定接待酒店的具体位置等；对于该展览场地的基本技术数据，要清楚准确地列出地面承重、馆内通风条件、货运电梯容积容量、展馆室内空间高度、展馆入口高度和宽度、展馆的水电供应状况等。展览场地基本情况的介绍对于帮助参展商准确地找到展馆和展位，进而进行展位搭装和布展有着很好的指引作用。

（3）会展的基本信息

会展的基本信息包括会展的名称、举办地点、展览时间、办展机构、会展指定承建商、指定运输代理、指定旅游代理、指定接待酒店等。特别注意对于办展时间，必须具体列明会展的布展时间、开幕时间、对专业观众和普通观众开放的时间、撤展时间、布展撤展加班时间等，对以上时间尽量精确到小时。此外，还要具体列明各办展机构、会展指定承建商、指定运输代理、指定旅游代理、指定接待酒店等的详细联系地址、联系人、联系电话、电子邮箱地址等，以便参展商在需要的时候联系有关人员。

（4）会展规则

会展规则即对参展商提出参展所必须遵守的一些规章制度，包括会展有关证件使用和管理的规定、会展现场安保的规定、展位清洁的规定、物品存放的规定、现场使用水电的注意事项、现场展品销售的规定、消防规定、知识产权保护规定、现场展品演示的注意事项等。

（5）展位搭装指南

展位搭装指南是对参展商顺利、安全地搭装展位和布展所做出的指导和说明，包括标准展位说明和空地展位搭装说明。鉴于标准展位的基本结构和配置都是一样的，所以标准展位说明主要是对展位的标准配置做出说明，列明参展商使用标准展位的注意事项，提出如需增加非标准配置以外的其他配置的处理办法。空地展位搭装说明主要是对参展商搭建空地展位做出一些规定和要求，如使用材料的要求、装修作业的规定、消防安全的规定和铺设电线的规定等。

（6）展品运输指南

展品运输指南是对参展商及时安排展品的运输所做出的指导和说明，主要包括海外运输指南和国内运输指南。不管是海外还是国内运输指南，都要对展品的运输方式和运输线路、各种货品的交运和文件提交的期限、货运文件的准备和交付、收费标准、包装、海关报关、回程运输、可供选择的自选服务等做出具体说明。

（7）会展旅游信息

会展旅游信息是对解决参展商参展期间的吃、住、行、旅游等需要而做出的说明。一般应详细列出各指定接待酒店的档次、协议优惠价格、地址、联系电话和传真以及联系人、与展馆的距离等，列出海外观众和参展商入境的签证办法、会展期间及前后可供选择的商务考察与观光休闲旅游的线路和安排等。

（8）相关表格

相关表格即参展商在筹展和布展过程中需要使用的各种表格，如贵宾买家服务表、聘请临时服务人员申请表、额外工作证和邀请卡申请表、研讨会和技术交流会申请表、刊登会刊广告申请表等。

2. 参展商手册的编制原则

参展商手册编写好后就可以印刷成册，在会展开幕前的适当时间内寄给参展商，也可以将其发布在会展的官方网站上供参展商阅览和下载，办展机构在编制参展商手册时，应注意以下原则。

（1）实用有效

参展商手册所包含的内容应对参展商进行筹展、布展、展览和撤展有较大的指导作用，参展商在得到该手册后，就可以按照手册指引筹备参展的各项工作，因此该手册必须实用、有效。

（2）简洁明了

参展商手册对各方面内容的说明和叙述必须简洁明了、准确具体，同时不能使人产生歧义，否则，在参展各环节的具体执行中就会引起争议，既不利于参展商展出，也不利于办展机构对会展现场进行管理。

（3）详细全面

参展商手册的各项内容要尽量详细，以便对参展商筹展给予有效的指导。例如，对布展和撤展加班时间的规定应该具体到小时，对各种表格返回期限的规定要具体到日，等等。对展馆入口的高度和宽度、对展馆的地面承重能力、对消防的注意事项等，均需要一一列明，不能有所遗漏。

（4）制作精美

参展商手册的排版和制作要美观大方，印刷精美，用纸考究。参展商手册的制作与展会的档次和品牌形象要相符，不能给人以不好的联想。

（5）专业

参展商手册的遣词造句要符合行业习惯和规范，所涉及的专业术语要专业，内容的编排要符合参展商的筹展程序，应避免让参展商长时间寻找自己需要了解的内容。

（6）国际化

对于国际化会展，参展商手册的内容编排和制作要尽量符合国际参展商的要求，除中文文本外还要有外文文本。外文文本的翻译一定要准确，如果翻译不准确，将会给参展商带来极大的不便。

第五章　会展招商宣传推广与指导

第一节　会展招商概述

一、会展招商的概念及特点

1. 会展招商的概念

所谓会展招商，就是指通过各种方式将那些对拟办展览会所展示的产品有需要及感兴趣的采购商和其他观众引进展览会，邀请观众到会参观。观众是会展成功举办不可或缺的因素，拥有一定数量和质量的有效观众是会展成功的重要标志之一。一般来说，招商比招展更重要，会展成功的关键在于招商。

2. 会展招商的特点

①经济的间接性。会展企业通过拓展参展商能够带来直接的经济效益，而招商却不能带来看得见的经济收益。

②工作的隐形性。招展投入的多少，可以通过展位的预定情况得知，而参展的观众却往往不会提前向会展企业预定，这就使招商工作具有一定的隐形性。

③效果的滞后性。招商效果的好坏要到会展举办时才能知道，这时参展商的展位费等各项费用都已经缴纳且情况比较稳定。

由于这三个特点的存在，导致了目前招商过程中存在以下三个突出的问题。

①经济的间接性使会展企业在运作时出现"重招展、轻招商"的错误倾向，减少甚至不做招商方面的投入。当展览会是由多个单位联合举办时，就出现大家争着去招展而会展招商却无人重视的局面，结果使得展览会开幕后到会观众不理想。

②工作的隐形性会使会展企业的招商工作无法控制过程，无法及时反馈，导致招商工作的各种策略无法根据招商工作的变化而进行调整，并且这种隐形性会使各单位的招商工作出现步调不一致的混乱局面。

③效果的滞后性会使一些运作能力差或资金不足的会展企业减少或者不做招商投入，使展览会举办期间到会观众很少，出现参展商所说的"骗展"。

二、会展招商方案的编制

编制会展招商方案是会展项目管理人员进行会展招商策划的最终成果，其具体程序如下。

1. 收集会展招商依据

会展项目管理人员首先应收集会展项目招商的依据，保证会展招商策划符合会展项目的实际情况。一般来说，会展招商方案编制的主要依据包括以下内容。

①展品主要消费市场的地域分布状况和需求情况。

②展览题材所在行业及其相关产业在全国的分布状况。

③相关产业在各地区的发展现状。

④各有关产业的企业结构及分布情况。

2. 进行会展招商分工

会展项目管理人员应根据会展项目实际需要和项目计划，对会展招商工作进行分工安排，包括对各办展单位之间的招商分工安排，对项目团队内部招商人员及工作分工安排，对各招商地区进行分工安排，等等。会展的招商工作应进行长期和可持续性发展的考虑。如果会展的招商工作不到位，会展的长期发展肯定会受到极大的影响。

①各办展机构合作的会展招商分工应明确共同遵守招商原则，确定好各单位的招展地区或行业及重点目标观众的划分、对招商费用的预算和支付办法的规定、对重点目标观众的邀请和接待安排等，由会展项目团队主要负责，协调各单位进行招商工作。

②会展项目团队内的招商分工，主要包括确定招商人员的名单，明确各招商人员负责的地区范围和重点目标市场，制定各招商人员信息沟通和工作协调

的办法，并对重点目标观众制订统一的接待安排计划。

3. 编印会展邀请函

会展项目管理人员应编制会展观众邀请函，并对观众邀请函的印制数量、发送范围和方法等进行策划。

第二节　会展招商宣传推广的特点和方式

良好的会展招商宣传，对内可营造招商氛围，达成招商共识，便于招商工作的顺利进行；对外可以扩大展览的知名度，推介展览的优势，引导合作办展，创造良好的经济效益。宣传推广的目的是将展出情况告知现有的和潜在的客户，并欢迎其前往观展。因此，招商的宣传推广要有针对性和吸引力。宣传首先要追求的是观众的质量，其次才是观众的数量。

一、会展宣传推广的特点

1. 整体性

会展宣传推广服务于整个会展，是有多重任务的，是一种整体的宣传推广工作。会展宣传推广的主要任务是促进会展招展、招商，建立会展的良好形象和创造会展的竞争优势，协助会展项目管理人员顺利开展工作，指导招商人员接待客户。会展宣传推广要关注会展项目的整体利益，不能顾此失彼，只关注某一个目标而妨碍其他目标的实现。

2. 层递性

会展宣传推广应随着会展工作的深入而扩大或调整。在整体宣传方案上，应有一个阶段性的安排，并且每个阶段有每个阶段的宣传重点。

3. 时效性

会展宣传应注重时效性，抓住社会关注的热点，紧跟会展主题，给会展拓展更广阔的空间。

二、会展招商宣传推广的方式

会展宣传推广工作服务于会展筹备、招展和招商等工作，会展宣传推广进度计划的制订，处处要考虑到上述几方面的需要，要与其工作进度相配合。但是，会展宣传推广工作又独立于会展筹备、招展和招商等工作。会展宣传推广工作计划一旦制订，除非中途出现重大变故，否则不会轻易改变。这样就可以排除其他因素的干扰，对会展宣传推广工作进行总体控制和监督。会展招商宣传推广的主要计划包括以下方面。

1. 新闻发布会

新闻发布会又称记者招待会，是社会组织在发生重大具有积极影响的事情时，向新闻界公布信息，借助新闻提升该组织或者与该组织密切相关事物的形象。在会展开幕前一个月到两个月，在展出地举办新闻发布会，全面介绍会展情况，包括会展时间和地点、会展目的、会展主题、展出产品、会展发展前景等。在新闻发布会上要提供装有全套新闻资料的新闻资料袋，以便提供给所有有关新闻媒体以及其他部门，包括工商部门、行业协会、政府有关部门等。会展开幕前，也要举办新闻发布会，此时的发布会十分重要，是向外界介绍会展特点、参展商构成、会展招商情况、贵宾邀请等内容的好机会，要广泛邀请记者参与。会展闭幕时也可以举办新闻发布会，向外界通报会展的展出效果、参展商和观众的构成及特点、参展者收获、贵宾参展情况、展望会展未来发展等内容，此次发布会是会展的总结，宣传得当有利于下一届会展的筹备。

新闻发布会的筹备需要明确以下事项。

①确定发布会的地点。召开新闻发布会的地点可以是会展的举办地，也可以不是会展的举办地，应该视会展的具体需要而定。

②确定出席发布会的媒体及相关人员。新闻发布会应当邀请相关行业媒体和一部分社会新闻媒体，还应邀请行业协会人员、工商部门、政府部门相关人员、参展商代表等人员参加。

③确定发布会的主持人。发布会的主持人可以是有关行业协会或商会的领导、办展机构的负责人、政府主管部门的官员等，也可以由上述机构共同来主持。

④确定发布会要发布的内容。发布会的内容应视发布会召开时间的不同而各有侧重，如前所述，发布会的内容可以编成各种新闻资料，这些新闻资料的

内容应该覆盖会展的方方面面，但要突出重点。

⑤确定发布会的召开程序。新闻发布会的程序一般是：办展机构、行业协会或政府主管部门有关领导讲话、会展信息发布和展示、记者提问。

⑥发布会结束及时追踪媒体报道。发布会结束以后，要及时跟踪和收集各媒体的报道情况，如果有媒体需要更详细的资料，要及时提供；如果提供不了，可以安排有关媒体进行实地采访和拍摄。

2. 专业媒体推广

会展宣传推广所指的专业媒体包括会展展览题材有关行业的专业报纸、杂志、会展目录、会展专刊和网站等。这些媒体直接面对会展的目标参展商与目标观众，是会展首选的宣传推广媒介。

专业报刊一般都有特定的读者群。如果报刊的读者群与展出者的目标观众一致，可以选择刊登广告，这样效果较好。刊登广告可以选择一家影响较大的媒体，也可以同时选择多家媒体来刊登。

在专业媒体上进行宣传有许多优点：第一，受众稳定，适应范围广；第二，针对性强，富有专业特性；第三，表现手法灵活，信息容量大；第四，寿命较长，重复出现率高。在专业媒体上进行宣传也有其局限性：第一，时效性差，专业媒体的发行周期一般较长；第二，版面位置选择性较差；第三，仅从满足会展招商这一任务角度来看，在专业媒体上进行宣传主要是针对专业观众的招商，对普通观众的招商效果不如在大众媒体上进行宣传的效果好。

在专业媒体上宣传，为了使推广活动发挥最大效用，办展机构应该考虑以下因素。

①客户规模与市场占有率。专业媒体所覆盖的目标客户规模越大，宣传的效果越好。会展的市场占有率较低时，宣传推广的边际效果随着宣传推广预算的提高而快速上升；当市场占有率达到一定程度时，宣传推广的边际效果就开始下降。

②竞争与干扰。市场竞争激烈的情况下，同类会展较多时，则会展的宣传推广预算应大一些。干扰则是指在一个媒体上，若广告刊登很多，不管这些广告是否为竞争者，都会分散客户的注意力，因此会展的宣传推广力度也应当适当加大。

③会展发展阶段。在会展发展的不同阶段，宣传推广的目的和作用不同，

因此力度也应有不同。

④宣传推广频率。会展宣传推广的频率并非越密集越好，因此要结合宣传的有效传递情况来确定适当频率，一般认为，在一个参展周期内目标客户接触六次广告信息为最佳频率。

3. 同类会展推广

一般来说，选择进行推广的同类会展都是具有一定规模、在国内外有一定影响的会展，在这些会展上进行宣传推广有很多优点：第一，可以直接面对目标客户，与客户进行面对面的交流；第二，信息传达灵活，可以给目标客户以最直接的宣传刺激；第三，容易与目标客户建立关系，可以即时得到客户的反馈；第四，容易引起目标客户的注意，迅速产生推广效果。因为具有以上优点，在"同类会展上进行宣传推广"的方式在会展筹办过程中被大量使用。

在国内外同类会展上进行宣传推广也有其局限性：首先，宣传推广方式的选择受会展彼此之间竞争关系的影响较大，缺乏一定的灵活性；其次，有些推广方式费用较高；最后，每个会展的客户群都是有限的，因此，宣传推广的目标客户的范围也有一定的局限性。

4. 大众媒体推广

会展宣传推广所指的大众媒体包括各种报刊、电视、广播、户外广告媒体、交通广告媒体、包装媒体、焦点媒体、网站等，这些媒体的普及性较强，社会接触面较广，它们既面对会展的目标参展商与专业观众，又面对会展的普通观众，是会展常用的宣传推广媒介。

大众媒体面向大多数人，覆盖面广，影响力是其他媒体所不能及的，当然费用也是最高的。大众媒体具有很多优点：时效性强，传播速度快；覆盖面广，读者群大；制作简单，手法灵活；具有一定的新闻性和可信度。

电视是覆盖面最广的媒体，其主体对象是消费者。但由于费用较高，使用电视做广告的多是展览会的组织者和大的展出者，中小展出者使用电视做广告的情况并不多。

随着计算机技术的进步和网络的迅速发展，通过国际互联网创建网站、刊登广告的情况越来越多。利用计算机网络做广告费用相当低廉，覆盖面却很广；但也有弊端，即信息极容易被淹没。同时可以利用行业相关知名人士做广告，支付一定费用，写好广告文稿，请知名人士进行宣传。由于知名人士在本行业有一定影响力，因此也可以吸引本行业相关人员或对本行业感兴趣的参展者参加展会。

在综合性报刊上做广告是向广大消费者宣传的理想途径，可以用软性的文章和图片进行宣传推广。

5. 专项宣传推广

办展机构通常还会采用一些专项宣传推广方式来宣传推广会展，这些专项宣传推广方式有以下四种。

（1）人员推广

人员推广是一种通过人际交流来推广的方式。展出者通过与目标观众直接联络来邀请其参观展览。人员推广的方式主要有发电子邮件、打电话、登门拜访等。一般人员推广工作的成本比较低，灵活性强，信息反馈及时。

（2）公共关系

公共关系是办展机构利用各种传播手段与社会公众沟通思想感情、建立良好的社会形象和经营环境的活动，如加入国内外著名的行业协会并积极参加行业活动。公共关系宣传推广可以分为三个层次：一是公共关系宣传；二是公共关系活动；三是公共关系意识。公共关系的作用面很广，传播手段较多，主要着眼于会展的长远发展。

（3）机构推广

机构推广是办展机构与有关媒体、国际组织、行业协会和商会、国内外其他会展主办机构和政府主管部门等机构合作，共同推广会展的一种宣传推广方式。随着中国会展市场国际化程度的日益加深，这种方式正被越来越多的会展采用。

（4）相关活动

相关活动也叫"事件推广"。在会展期间举办一系列的相关活动，是对会展进行宣传推广的一种重要方式。和其他宣传推广方式一样，在进行会展专项宣传推广活动时，也要注意适当地选择宣传推广活动的时间和地点。

在展览业的实践中，上述四种专项宣传推广方式不是截然分开的，四种方式会经常被组合起来综合使用，影响这些宣传推广方式组合的主要因素如下。

①会展的类型。不同题材和功能的会展，其目标参展商和目标观众也不一

样，会展的宣传推广组合也不相同。

②会展的营销策略。

③客户特性。客户参展和参观决策受其对会展认识深度的影响。一般认为客户的认识深度可以分为三个层次：认识阶段、动心阶段、行动阶段。对于对会展认识深度处于不同阶段的客户，不同宣传方式的效果差别很大。

④市场特性。

⑤会展发展阶段。会展是处于培育期、发展期、成熟期还是衰退期对会展宣传组合的影响很大。

⑥宣传推广费用预算。费用预算对宣传推广方式的选择具有很大的制约作用，决定会展宣传推广预算的方法有以下四种：一是量入为出法；二是收入百分比法；三是竞争对等法；四是目标任务法。上述四种方法影响宣传推广预算总额的大小，进而影响会展宣传推广组合的选择。

6. 会展招商宣传的其他方式

会展招商宣传还有一些常用的其他方式，包括编印画册、制作光盘、发布广告、举办招商说明会。

（1）编印画册

编印招商宣传画册是指会展企业运用图片向招商对象宣传会展形象，展示会展举办地的经济实力，推介地域优势，提供可供合作领域。编印招商宣传画册的要点如下。

①要认真策划。

为了让招商对象对会展的特色，会展举办地的社会信用度、投资领域及投资项目充满信心，激发赞助热情，编印画册时就必须全面筹划，把能够反映展览综合实力的优势表现出来，尤其要充分反映展览区域经济的特点，形成独特鲜明的招商优势，这样的画册才具有宣传价值，才能产生宣传效应。

②要选好内容。

画册是以直观的图片和抽象的文字来表现内容的。因此，每一幅图片都要具有一定的代表性，要能够反映出展览的最佳状况，同时还要进行科学归类、巧妙组合，做到图文并茂，从不同层面介绍展览的优势与发展前景。

③要精心制作。

画册不仅内容重要，制作工艺同样重要。精美的画册，不仅能充分表现内容，达到宣传效果，还能够使内容更加生动形象。反之，如果画册制作粗糙，即使内容再好，也难以产生宣传效果，反而给人一种工作马虎、社会信用度低的感觉。所以，在画册的制作上一定要精心细致、主题突出、特色鲜明、图片精美，色彩搭配要端庄、大气，讲究艺术效果。

（2）制作光盘

利用现代科技手段和媒体把宣传内容制成光盘在特定区域或特别群体中进行广泛宣传和定向传播，具有图声并茂、视听兼备、介绍系统、宣传广泛、生动传神、感染力强等特点。

招商宣传光盘实质上是一个展览综合形象介绍的纪实性电视片，这就要求招商宣传在内容上突出主题、特色鲜明；在形式上创优创新，实现形式与内容的完美统一。

由于招商宣传光盘是广告色彩较浓的展览形象纪实性电视片，因此，在制作光盘时，还应把一些知名企业参展的情况加以宣传，让参展商参照真实案例，更直观地感受展览的优势、发展前景及参展商的收益。这样宣传介绍性、舆论引导性更为强烈，宣传效果也就更加明显。

（3）发布广告

发布广告是指通过媒体向潜在参展人员展示展会的形象。这种途径主题突出、内容具体、表达更为直接。

根据广告内容，广告可分为形象广告和具体广告。在对特定区域开展招商时，可采用双管齐下、齐头并进的方式发布形象广告和具体的招商广告，对受众的听觉、视觉进行反复影响，这样受众的印象才深刻，广告的效果才明显。

形象广告要系统、全面，有区域个性，充分展示招商区域的发展面貌和特色；内容要精练完美，生动传神；形式要新颖大气；手法要巧妙自然，让受众在无形中被广告内容吸引。具体广告要主题鲜明，内容简洁，不拖泥带水。发布招商广告可以多种媒体并用，交叉刊播，立体推进，做到广播里有声音、电视里有画面、报纸上有文字，令受众轮番接受信息，由无意注意到有意注意，最终实现广告宣传效应。

（4）举办招商说明会

在招商宣传工作中，举办招商说明会最为有效。举办招商说明会就是会展企业在特定地区或行业把招商对象组织起来，向他们全面系统地介绍展览的招商情况。这种面对面的传播方式气氛热烈、随和，能拉近双方的情感距离，增进了解，加深友谊；同时，还能广泛搜集招商信息，联络更多的赞助商与观众，双方的选择空间较大。由于招商说明会受众为特定观众，招商成功性相对较大。举办招商说明会要把握以下五点。

①做好宣传材料的准备工作。

举办招商说明会，宣传材料必不可少。宣传资料要精练简洁、完整配套，宣传画册、资料汇编均可发放。同时，还可在说明会上播放宣传光盘，让赞助商与观众对展览有较为系统的认识。

②做好会议组织工作。

会议组织包括以下两方面。一是会展企业招商部门的组织领导工作。这要求招商人员熟悉经济法规，懂得融资规律，掌握项目内容，具有谈判艺术和决定权力。二是赞助商的组织引荐工作。要想组织有雄厚实力的赞助商参会洽谈，首先，要选准地区，这要求对拟招商地区有无资本输出实力和扩张趋势有清晰准确的了解。其次，要选准对象，这要求对拟招商地区的企业进行深入研究。招商对象确定后，可通过当地政府或商会、行会等民间团体从中引荐；亦可直接到拟招商企业进行宣传，邀请其参会洽谈。最后，可以通过媒体发布招商广告，广泛邀请赞助商参会。

③做好项目洽谈对接工作。

做好项目洽谈对接工作要求招商会议组织者要熟悉招商项目单位和投资者双方的情况，只有进行有效对接，双方才有深入洽谈和进一步签约、合作的可能。

④把握重点。

把握重点是指向重点赞助商推介重点资助项目。对一些集团性企业，会议组织者可根据实际情况，邀请其与展览主题所在的行业协会领导人进行小范围会见，就赞助问题进行深入洽谈，还可就赞助商提出的问题进行现场答复，这样可以增强双方的信任感，树立良好的企业形象。

⑤树立典型，激发赞助热情。

说明会上可把已谈成的且有代表性的赞助项目进行公开签约，并让赞助商说明赞助原因。这样做可以激发其他赞助商的赞助热情。

三、会展招商宣传推广的步骤

一般来说，制订会展宣传推广计划的步骤有六个：目标、投入、信息、资料、渠道和评估。

①目标。就是要确定会展宣传推广所希望达到的目标，如招商、建立会展形象、让观众熟知等任务。

②投入。就是要确定为了达到上述宣传推广目标所需要的资金投入。

③信息。就是要确定会展宣传推广所要向外界传递的信息，如会展的优势、特点、办展理念等。

④资料。就是要确定制作何种宣传资料来承载上述信息。在制作宣传资料时，要注意遵循针对性、系统性、专业性和统一性。

⑤渠道。就是要确定会展宣传推广的渠道，或者说要确定采用哪种渠道将会展信息传递出去。

⑥评估。就是测量会展宣传推广的质量与效果，评估会展宣传推广目标完成的情况。会展宣传推广的效果可以分为即时效果、近期效果和远期效果。对这些效果的评估可以从观众、参展商和会展功能定位三方面来进行，也可以从宣传的传播效果、宣传的促销效果和宣传的形象效果三方面来评估。

第三节　会展招商的对象及专业观众邀请

一、会展招商的对象

1. 专业观众与普通观众

会展观众包括专业观众和普通观众。专业观众是指从事会展所展示的某类展品或服务的设计、开发、生产、销售以及服务的专业人士和用户。

专业观众具有以下特点。

①多是出于业务原因，从外地赶来参加展会的。

②在多数情况下，参加者的费用由所属公司承担。

③通常参加者是带着具体的目标和目的来参加会展的。他们或者是调查行业的大致竞争状况和产品状况，或者是收集更详细的统计数字，甚至可能是公司派来出席会展的代表。

④并非所有人都可以参加会展，每一位专业观众都需要预先注册，通常情况下需要支付一定的费用，会展期间佩戴会展入场卡。

与专业观众相对应的是普通观众，也就是除专业观众以外的其他观众。普通观众具有以下特点。

①普通观众把参加会展看作一种娱乐方式。

②具有一定的购买欲望。普通观众通常会考虑在会展上购买展示的产品或者服务，边比较边采购，并获得一些建议。

2. 有效观众与无效观众

除了对专业观众和普通观众的划分以外，到会参观的观众还可以分为有效观众和无效观众。所谓有效观众，就是指来参展的专业观众及会展参展商所期望的具有潜在贸易价值的观众。这是具有一定质量的观众，对会展来说不可或缺。所谓无效观众，就是指参展商所不期望的观众，他们对会展来说是可有可无的。

针对有效观众和无效观众的区分，可以看出，并不是所有的观众对会展来说都是有用的。对于一个专业会展来说，如果无效观众过多，就可能对会展的正常商务活动带来不利的影响，如会展现场太拥挤而秩序混乱、会展现场太嘈杂而影响商务谈判等。因此，如果允许普通观众入场参观，会展就要努力使有效观众在到会观众总量中保持一定的比例。一般来说，这个比例不能低于30%。也就是说，有效观众的数量占到会观众总量的比例不能低于30%，如果低于这个比例，会展在观众方面就会只有数量而没有质量，展出效果将难以保证。

从另一个角度来说，无效观众对会展来说也是有用的。事实上，只要数量适中，他们对增加会展人气、活跃会展气氛、扩大参展商的广告效应和知名度是有很大作用的。只不过无效观众的数量不能太多，否则会展效果将大打折扣。

此外，根据来源地的不同，观众还可分为本地观众、外地观众，或国内观众与国际观众等。

二、目标观众数据库

会展项目管理人员为了更好地吸引会展参观观众，做好招商工作，首先应确定会展项目目标观众群体（专业观众和有效观众），收集其基本信息，建立目标观众数据库。所谓目标观众数据库，就是指利用计算机软件，将大量客户的各种信息记录备案，按照一定的规则将信息整理并保存在系统里。目标观众数据库中除了有目标观众的名称、联系方式等基本信息外，还要有目标观众的产品需求倾向，要及时建立并更新目标观众数据库。目标观众数据库是会展项目招商工作重要的信息来源。

建立目标观众数据库时需遵循以下原则。

①数据信息来源必须真实可靠。

②数据分类应科学合理，如分为核心、次核心、外延观众名录等。

③数据分类应便于查找、检索或建立多项检索目录。

④数据应及时更新和修改。

通常数据库涉及诸多商业机密，因此，数据库的保密工作非常重要，对数据库工作人员应规定一定的工作权限。

三、会展专业观众邀请

一般来说，如果不有意控制，一个会展往往既有专业观众到会参观，也有普通观众到会参观。在国内外展览行业的实际操作中，有些展会只对专业观众开放而不允许普通观众进场参观，如中国进出口商品交易会，所有的展览时间都不允许普通观众入场参观；也有些展览会既允许专业观众进场参观，也允许普通观众进场参观，但对普通观众的参观时间加以限制，如上海国际汽车展览会，在展览会开幕的第一天和第二天只允许专业观众入场参观，第三天才允许普通观众入场参观。

会展项目有非常明确的会展主题，因此进行会展招商时必须有针对性地邀请专业观众。随着会展业的发展，市场竞争日趋激烈，寻找并邀请会展项目的专业观众就成为会展项目管理人员的重要工作事项之一。

1. 专业观众定位分析

会展项目管理人员通过会展目标观众数据库，充分了解专业观众的背景信息，并进行定位分析，找出参观可能性最大的观众类别。专业观众的定位分析可以从地域、年龄、学历、兴趣、行业、消费习惯等不同方面进行，要与会展项目主题及具体内容相匹配。

2. 专业观众搜寻

会展项目管理人员找准会展专业观众的定位后，应通过相应渠道去搜寻符合要求的专业观众。最常用的搜寻途径就是会展项目管理人员通过同类会展项目相关资料获得相关专业观众信息，或通过参加没有明显竞争关系的国内外同类会展而开展会展招商活动。

为了减少搜寻专业观众的成本，会展项目管理人员可以让参展商提出具体的目标观众而直接邀请，以更好地满足参展商的需求。

3. 专业观众邀请

在搜寻到一定数量的会展专业观众后，会展项目管理人员应将会展有关信息及时传递给目标观众，发出参观邀请，邀请其参加会展。

会展项目管理人员可以通过电话邀请、直接邮寄邀请函、发送电子邮件、刊登广告、网上报名认证等方式邀请会展的专业观众，对于特别重要的专业观众还可以考虑亲自邀请。

4. 观众邀请函的编制

观众邀请函是会展项目组织根据会展实际情况编写的，专门针对会展目标观众尤其是专业观众而发送的会展招商的一种宣传函件。一般来说，观众邀请函主要用于邀请专业观众到会参观，在会展开幕前一个月由会展项目组织向目标观众邮寄，若专业观众为国外观众，则要提前三个月邮寄。观众邀请函发送针对性较强，因此要注意发送的时间，并辅以其他通信方式进行跟踪了解。

会展项目观众邀请函的主要内容包括以下四方面。

①会展的基本内容。②会展招展情况。③会展期间计划举办的相关活动。④参观回执表。

第六章 会展现场策划与指导

第一节 会展开幕式现场策划

会展开幕式的举行具体内容如下。

一、开幕时间和地点

会展开幕的时间和地点要提前进行安排，一经确定，要及时通知到相关方。时间安排要合理，一般不宜太早，太早观众少，开幕式不够热闹；持续的时间不宜太长，时间太长，观众会失去耐心，影响开幕式气氛。如果开幕式上安排表演活动，要注意安排好表演的时间和地点。

二、出席开幕式的主要嘉宾

会展组织机构应事先确定好参展嘉宾名单，并合理安排各嘉宾的位置及座次。会展一般都会邀请一些行业主管部门人员、行业协会与商会的领导、外国驻华机构代表以及其他有关人员作为会展的嘉宾出席会展开幕式。对于参加开幕式的嘉宾应安排专人负责接待，并准备签到簿让嘉宾签到。

三、开幕式讲话稿和新闻通稿

会展开幕式讲话稿和新闻通稿是办展机构对外宣布会展正式开幕的"宣言"。新闻通稿是各新闻媒体报道会展的基调，准备新闻通稿要注意以下四方面。

①选题定位要适当。要充分考虑到展览题材所在行业的发展特点、亮点和

趋势，并从中提炼出会展的时代特点。

②把本会展的特点和亮点一一列出，尽量以醒目和方便阅读的方式展现在读者眼前，为记者编写会展新闻报道提供入手点。

③在内容上对会展各方面进行全面和系统的介绍，要包含有关会展的各项数据，如展览面积、参展商数量、预计观众数量等，增强说服力。

④要为新闻通稿附上一些背景材料，如出席会展开幕式的嘉宾名单、会展相关活动安排、会展行业背景和会展有关图片等，对于一些重要的相关活动还可以附上专门的介绍。

四、开幕方式的确定

会展有多种方式举行开幕式，如鸣放礼炮、嘉宾剪彩、领导讲话。如果是鸣放礼炮，要事先安排好布置礼炮的地点和鸣放礼炮的时机；如果是嘉宾剪彩，要安排好剪彩嘉宾，并安排好礼仪小姐；如果是领导讲话，要准备好讲话稿。也可以同时包含上述三种活动。不论以哪种方式开幕，会展都要安排好摄影人员现场摄影，留下宝贵影像，以供后续宣传。

五、开幕式要点

整个开幕式的程序要紧凑，不拖拉，表演要恰到好处，不喧宾夺主。开幕式结束后，重要的嘉宾参观会展要有专人陪同，如果嘉宾对会展某方面感兴趣，陪同人员要能随时做出相关说明和介绍。

第二节　会展布展与现场管理

会展现场工作是指会展从布展开始，包括会展展览期间到最后会展闭幕这一时间段，会展布展、展览和撤展等事务的组织管理工作。

一、布展管理

当会展开幕日期临近时，参展商要在活动场馆进行布展，即参展商为准备展览对展位进行搭装、布置和将展品陈列在展位上等系列工作，同时这也是会展主办机构对会展现场环境进行布置和对参展商有关工作进行协调与管理的过程。

1. 布展时间

展览题材及展品的复杂程度决定会展布展的时间长短，会展的规模大小对布展时间也有一定的影响，会展规模越大，布展时间往往越长。对于一般的会展，布展时间通常为 2 ~ 4 天。

2. 布展前需要办理的手续

根据我国对会展的管理规定，办展机构在组织会展布展前需要到工商部门办理工商报批；到消防部门办理消防报批和备案；到安保部门办理安全保卫报批和备案；到海关办理海关报批和备案。办理完有关手续后才能开始布展。另外，如果展馆位于城市的中心地带，有些城市还需要办理外地车辆进城证以方便外地企业运送展品到会展现场布展。在进行会展布展前，参展商和办展机构还需要与相关单位或个人进行充分沟通协调，以避免出现展品迟迟不到或展品送到却摆放不符合要求等情况，保证会展布展现场有条不紊。

3. 正式办展时办展机构需要协调和管理的事项

这主要包括展位画线工作、展馆地毯铺设、参展商报到和进场、展位搭建协调工作、现场施工管理和验收、海关现场办公、展位楣板的制作、安装和核对、现场安全保卫工作、消防和安全检查、现场清洁和布展垃圾的处理等工作。

二、现场管理

1. 会展现场调控管理

会展现场管理人员应在会展开始前，做好会展现场布置及会展现场人员调控工作安排，以保证会展现场及时布置，会展现场人员按要求顺利调配。会展现场调控包括会展人员调控和设施调控两项。

（1）人员调控

会展现场人员调控主要包括总统筹人员和各小组之间的调控，如设施配置组、展台搭建组、布展组、会展礼仪组、会展接待组、会展安全组和机动组等。在会展现场，如某组工作人员缺乏，则该组负责人首先应与其他组的组长沟通，由其他组组长根据本组情况决定是否可调度人员。如某组组长认为可调度相关人员，则人员缺乏组负责人应填写人员调动申请表，并将其报项目经理审核。经项目经理审核后，相关人员可办理调动手续。

（2）设施调控

现场设施包括办公设备、公共广播、照明设备、视听设备、公共通信设备、卫生设施等，在会展现场，如需调度相关设施设备，相关岗位负责人应提出书面调度申请，经项目经理审批后方可调度。

2. 媒体接待与管理

会展开幕前办展机构要与有关媒体取得联系，为召开新闻发布会或邀请媒体记者对会展开幕式现场与展览现场进行采访和新闻报道做准备。

（1）召开新闻发布会

许多会展主办机构在会展开幕前会举行一次新闻发布会，向媒体告知会展筹备情况，并告诉社会各界会展将如期举行。这是会展开幕方案的一个组成部分，它起到将会展消息提前通知新闻界的作用，使新闻界提前对会展开幕进行预备报道，并让其在报道会展开幕时有一定的准备。

（2）设立新闻中心

在会展现场适当的地方开辟一定的区域作为会展的"新闻中心"，供各媒体和记者使用。新闻中心里配备计算机、传真机、写字台、纸笔等供记者写稿、发稿之用，还要配备茶水、咖啡以及点心等。另外，还可以放一些有关会展的介绍资料，如会展的办展背景、行业概况、会展特点、相关活动安排以及会展的相关数据等，以便记者在写新闻报道时参考。

（3）发放新闻袋

对于所有的媒体记者，会展可以向每人发放一个装有有关会展资料的资料袋，即"新闻袋"。新闻袋里一般放置有会展开幕新闻通稿、会展背景介绍、会展特点介绍、会展有关数据、会展相关活动安排计划、会展会刊、会展参观指南以及一些小礼品等。新闻袋务必发放到每一个记者手中，以便于媒体记者编写会展新闻报道。

（4）安排人员负责新闻记者的接待和联络

负责接待新闻记者的会展工作人员要对会展的有关情况非常了解，能随时回答记者提出的有关会展的各种问题。同时会展组织人员可以有意识地组织、引导和安排各新闻媒体对会展进行新闻报道，根据不同媒体的不同需求向其提供不同的会展资料，积极回答记者提出的各种问题。

（5）新闻报道的后续整理

对于各媒体和新闻记者对会展的各种采访报道，办展机构在会展展览期间及会展闭幕后要注意及时收集和整理，要分析这些资料对会展报道的内容和角度是否符合会展发展的需要，分析这些报道还有哪些可以改进的地方，以便下一届会展开幕时与媒体沟通。

3. 后勤保障服务管理

后勤保障服务并不仅仅是会展场馆单方面的事，它需要整个会展城市共同来完成。安全快捷的公共交通，热情善良的当地居民，干净舒适的酒店宾馆，整洁美观的城市景观，细致周到的全面服务，这些都构成了一个广泛意义上的会展后勤保障服务。

从会展的现场服务来看，后勤保障服务的内容可以多种多样，主要考虑参展者的需求，包括住宿服务、现场餐饮服务、现场卫生管理服务、安全保障服务。这类服务与参展者自身生活需要有关。会展现场后勤保障服务管理主要包括以下五个方面。

（1）住宿服务管理

筹备一场大型会议，合理安排众多与会者的住宿问题是一件既重要又复杂的事情。会议期间可能需要大量的房间，这些都必须事先预订，否则会造成住宿方面的问题，特别是到旺季，可能找不到房间入住，在此提出两种有关会议住宿的方式：一是"订房卡"的形式，如果会议需要住宿的人数不是很多，可以直接向酒店或会议中心索取订房卡，这是免费的。主办单位随同会议通知寄上订房卡，再由与会者直接向酒店订房。二是"住宿单"的形式，住宿单通常在小型会议上使用，由主办方支付房间费。将两份表格寄给会展邀请的人，要求对方填写陪同人员的名字、希望住哪种房间、抵达与离开日期，将表格资料填在住宿单中给酒店，并告诉酒店收款方式。

如果会展项目管理人员不负责住宿问题，可以向参展商或观众提供当地住宿指南，让其自由选择住宿类型。如果会展项目管理人员负责住宿问题，应当提前和参展人员沟通，根据不同人员需求的不同，预订不同档次酒店房间，同时酒店位置应与场馆距离适中。住宿安排是相当复杂的工作，因此需要细心加谨慎，最好提前去了解酒店，熟悉酒店的工作程序，例如如何处理截止日期以后的住房预订。

（2）现场餐饮管理

大型会展现场都会为参展商、会议代表提供餐饮服务，次数为一天一次，通常为午餐。会展现场的餐饮服务供应量大且时间集中，因此应对餐饮质量和就餐秩序进行控制。好的餐饮服务应该做到以下四点，以确保会展餐饮服务的质量标准、供应速度、就餐秩序都达到规定要求。

①数量合适。会展项目管理人员需提前统计与会工作人员，并对观众数量进行预计与餐饮承包商提前沟通现场所提供的盒饭数量，尽量避免不足和浪费的现象发生。

②保证安全和品质。为了确保食品安全，会展期间的食品采购应接受卫生防疫部门的全程监督。供应商必须提供相应的资质材料及卫生标准。食品采购回来后，卫生防疫部门应及时采样、留样。食品制作过程要严格遵循卫生标准，此外，会展主办方也应做好监督和意见反馈工作。在选定餐饮供应商后，主办方应与其签订《食品卫生安全责任状》，并由餐饮企业上交一定金额的保证金，以确保原料采购、储存、加工、销售及食品留样等环节的规范操作，从来源上确保餐饮质量及安全卫生，避免食品安全相关事件发生。

③秩序良好。划分专门的就餐区域，并根据参展人数留出足够的空间，根据会展规模设置不同数量的就餐点。盒饭由餐饮服务人员在厨房用保温箱装好后，统一运送到就餐点，实行集中发放。会展项目管理人员需安排工作人员引导参展商和会议代表分时就餐。

④多样化。除了普遍的盒饭快餐外，可在各场馆附近设置供餐点，向会展客户供应不同菜系、不同口味的地方美食，以弥补快餐在味道上的单一性缺陷。

而会展对观众提供餐饮服务的形式为受理观众餐饮咨询。会展项目现场管理人员可在参观指南上写明观众可选择的餐饮方式及附近酒店或餐馆的名称及乘车路线，大型会展还可在展馆内安排餐饮服务点，为观众提供餐饮服务。

（3）现场卫生管理

会展项目现场管理人员应注意时刻保持会展现场环境卫生，保证现场环境安全。大型会展除了由保洁人员进行现场清洁外，主办方对参展商的保洁行为也要有详细的规定。

会展开展、撤展期间，标准展位和公共区域的清洁工作由会展服务商负责（展板、展具清洁除外），特装展位的清洁由参展商自行解决。会展开展期间，参展商应保持展位的清洁，并将垃圾倒入指定的垃圾箱内，会展服务商负责垃圾清运和展馆公共区域的清洁卫生，同时提供展位按面积清洁的有偿服务。

为了有效管理，有的会展会收取特装清洁押金。布展前特装展位须向主办方缴纳清洁押金；在撤展期内参展商须将展位内的装修垃圾清理带走，不得将垃圾遗弃在展馆内及展馆外围区域；清理完毕后展馆现场人员确认签字，参展商凭确认单取回清洁押金。或由参展商向主办方缴纳相应的垃圾清运费，由主办方派人清洁。在规定时限内未撤除物品将作为无主物品处理，押金不予退还。

（4）安全保障服务管理

对于会展活动的现场管理，安全保障服务管理也是其中一个不可或缺的内容。为保证参展商的人身、财物及参展物资的安全，保证观众人身及财物安全，会展项目现场管理人员应组织会展现场安全管理人员进行安全保障服务管理。

①落实责任，杜绝隐患。要严格按照"谁主办、谁负责"的原则，建立安全保卫工作责任制，明确活动主办单位及其负责人为活动安全工作的直接责任单位和责任人，并签订安全责任书，明确法律责任。对活动中搭建的舞台、看台等临时性建筑物和使用的照明、音响等用电设备，必须配备质量技术监督，并持有建筑、供电部门出具的安全鉴定文件。主办单位和责任人对公安机关提出的场地安全隐患整改措施、人员控制和票证发放等管理措施要无条件地执行，确保各项安全措施能够落实到位。在会展开幕前对办展场地进行严格细致的检查，保证安全出口、安全通道等畅通，保证消防设施、防盗设施、场内设备等设施运行完好。

②要制订完善的工作方案，确保大型活动的安全有序。在大型活动安全保卫工作中要提前开展治安预测分析工作，根据活动的重要性、热点性、规模和内容等具体情况，对活动中可能发生的各类问题进行充分估计和判断，确定不同等级，制订一套结构严谨、科学实用的安全保卫工作方案，有针对性地实施保卫方案。同时做好业务上和思想上双重的安全检查准备。

③要以防范为主，强化主办方的内部组织结构，提高工作效率。观众入场要进行检查，禁止携带违禁物品进场，若观众拒绝接受检查，会展现场安全人员有权禁止其入场。同时会展项目管理人员要对观众数量进行精确控制以及活

动票证的管理。通过电子票务等科技手段提升票证的物理防伪能力，提高票证伪造难度，减少假票证对大型活动现场秩序的扰乱。在这个过程中，会展主办机构既要明确分工，又要积极协调，保持整个活动中各个安保点以及人员信息的对称工作，做好突发事件的心理准备和应急预案。只有这样，才能保证会展活动安全有序地进行。

（5）会展配套增值服务

做好会展配套服务是办好整个会展至关重要的条件之一，会展项目现场管理人员应努力为客户提供特色化与规范化的会展配套增值服务。常见的会展配套增值服务主要包括交通配套服务、运输配套服务和其他配套服务。

①交通配套服务

交通配套服务包括三部分。第一，会展中心交通服务，会展开始前会展组织者应在会展中心入口处和出口处张贴该城市的交通指引、火车时刻表、交通地图、航班信息、地铁线路、公交路线等，以方便参展人员了解该城市的交通状况，提高客户的办事效率；第二，空中交通服务，此类交通属于城市间的交通。项目管理人员通过指定的航空公司向参会人员提供打折机票，并保证有合适的航班及充足的运输能力把参会人员送到指定地点；第三，地面交通服务，此类交通是解决参展人员到达会展场地后的交通需求，项目管理人员可与当地交通公司合作，由交通公司派车到机场、火车站、码头、汽车站等，将参展人员接送到住宿酒店或会展场馆。

②运输配套服务

运输配套服务主要是展品运输服务。展品运输是展品从参观企业所在国（地）转移到参展目的地，进入场馆，展览结束后再从展览地运回的过程。这项工作十分复杂，项目管理人员可将展品运输工作承包给专业运输公司，由其全面负责。项目管理人员负责联络、协调和组织工作。

③其他配套服务

除了上述配套服务以外，会展项目管理人员可设立休息场地、方便通道，在宽阔处和休息场地放置一些方便客户休息的桌椅；设立咖啡厅、商品屋等配套设施满足参展人员的需求。

第三节 会展后续工作管理

会展闭幕标志着会展活动主体正式结束。然而会展闭幕并不意味着现场工作就此结束，会展闭幕后，主办方还需要安排撤展、服务追踪和会展总结与评估等相关事宜。

一、会展撤展管理

会展的撤展工作主要包括展位的拆除、参展商租用展具的退还、参展商展品的处理和运回等工作。一般而言，会展主办方在招展阶段便会出具详细的文件，做好撤展工作的系列规定，包括撤展时间、撤展的工作安排和相关规定等。

①展位的拆除。拆除工作一般在展品取下展架后进行，主办方要监督各参展商或承建商按规定的程序进行展位的拆除工作。

②参展商租用展具的退还。展览完毕，各参展商临时租用的展具要及时退还展馆服务部门或者各承建商。

③参展商展品的处理和运回。展览结束后，参展商的展品有四种处理办法：出售、赠送、销毁和运回。不管是哪一种处理办法，参展商都要提前制订好计划。

④展品出馆控制。在会展展览期间及会展结束后，会展项目管理人员要对所有的出馆展品进行查验才可放行。

⑤展场的清洁。会展撤展时往往会比布展时产生的垃圾更多，对于这些垃圾，主办方或其指定的承建商要及时处理，不要在会展结束后留下大量的垃圾，也不要弄脏展场地面和其他有关设施。

⑥撤展安全保卫。会展撤展时往往比较杂乱，会展安保人员不要松懈撤展现场的安全和消防保卫工作。

当把场地交还会展主办机构，参展者在展会现场的工作才算彻底完成。

二、会展服务追踪

展后服务是一个会展为参展企业提供优质服务的重要方面，展后追踪和后续服务是挽留参展商的最为突出的手段。不少大型会展相邻两届的时间间隔往往是一年。因此，良好的服务追踪，与客户培养良好的感情，为客户提供一些增值服务，是确保来年客户继续参展的重要工作。

服务追踪包括及时征询参展商参展的意见和建议、不间断地为客户提供贸易信息、重要节日的问候等。会展闭幕后，会展项目管理人员应当对重要客户发送感谢函甚至当面致谢。服务追踪必须有整体的计划和步骤，同时应该针对不同的参展商，制定一些个性化的服务追踪内容。在服务追踪过程中，必须做好客户的回访工作，谨慎对待客户的意见和建议，对提意见的客户应重点关注，因为这些客户往往最有可能成为会展产品的忠实客户。贸易信息的提供也要尽可能做到个性化，针对不同的参展商，提供其感兴趣的信息，使之感觉获得额外的利益并受到重视。

三、会展总结与评估

总结是管理工作的组成部分，总结的作用是统计、整理资料、经验和建议，研究分析已经做过的工作，为未来工作提供数据资料、经验和建议。因此，总结对经营和管理有重要的意义。

一般会展的总结应涵盖从项目策划到项目完结各个阶段的工作，会展接待任务完成后，各个部门和岗位都要进行认真做工作总结，做出书面工作报告，开会交流，总结经验，找出不足，在交流中取长补短，以促进今后的工作，最后还应存档以供查看。通过对会展的评估，会展承办者可以发现会展实施与策划过程中存在的不足，从而改进服务，为来年的会展活动打下基础。

第四节　会展现场观众的登记与管理

一、会展现场专业观众的登记

所有参会人员都必须进行现场登记。根据其身份不同（如专业观众、参展商、媒体等），已经持有会展证件的，要在入口现场确认；未取得会展证件的，经现场登记后，当场领取相关证件。此处主要讲解专业观众的签到流程。

1. 登记前准备的资料

为了做好会展专业观众登记及相关服务工作，在进行专业观众登记前，会展主办机构一般要准备好以下四种资料：会展参观指南、观众登记表、会展证件与门票、会展会刊。

（1）会展参观指南

其主要是向会展的专业观众、媒体记者以及与会的嘉宾发放。主要包括四方面的内容：会展的基本内容，包括会展的标识、名称、展览时间和地点、办展机构名称和展品范围等；会展的简短介绍，包括会展的规模、参展企业数量和来源、展品特点、会展相关活动安排等；展区和展位的划分与安排，主要包括会展的展区、展位划分图，各展区的位置和范围，各参展企业名单及其展位号一览表，知名参展企业的名字及具体位置等；其他有关图表，主要有展馆在城市中的位置及交通图、展馆内部交通图、展馆内各服务网点的分布图等。

（2）观众登记表

其是用来收集专业观众信息的一种问卷调查表，专业观众要在填写后才能取得进入展馆参观会展的"专业观众证"。主要包括两部分内容：观众的联系办法，包括观众的名称、职务及其所在的单位名称、地址、联系办法等；问卷调查的问题，主要调查观众所在单位的业务性质和观众感兴趣的产品与技术种类，参观本会展的主要目的，在产品购买中的角色以及从什么渠道得知本会展的信息等。对于观众联系办法部分，可以直接向观众索要名片，以减少观众填表时间，避免造成大规模的排队现象。

（3）会展证件与门票

会展一般印制多种证件，如参展商证、专业观众证、贵宾证、媒体证、工作人员证等。为了便于会展现场管理，不同类型证件一般为不同颜色，以示区别，同时要求进馆人员必须将相关证件佩戴在胸前，并自觉配合会展安保人员查验。所有证件不得涂改、转让，也禁止一证多用。有的会展对普通观众开放并出售门票，专业观众凭证参观，普通观众凭票入场；还有的会展对所有观众出售门票。如果会展出售门票，会展主办机构要提前与当地税务主管部门取得联系，在取得税务部门同意后才可印制和出售门票。

（4）会展会刊

会刊一般收录参展商的以下信息：单位名称、联系人、地址、联系办法、单位及主营产品介绍等信息，同时还会标明该参展商在当届会展的展位号，以便观众寻找。会展会刊还会附上会展展区和展位划分平面图。会展会刊是会展为参展商提供的额外宣传服务，能够帮助参展商扩大宣传，提高知名度。

专业观众登记时要先填写观众登记表，然后领取会展证件、门票、参观指南以及会展会刊，此后便可以入场参观。

2. 登记地点

会展一般在展馆的序幕大厅或者专门的观众进馆大厅内设立专业观众登记柜台来进行会展的专业观众登记工作，与此相对应，还要设立观众登记通道。会展为了方便观众登记和自身的需要，对观众登记柜台和通道进行分类管理，一般分为"持有邀请函观众登记柜台"和"无邀请函观众登记柜台"。这样分类管理可以提高工作效率，避免观众等待太长时间。

3. 登记方法

①在邀请函上将观众编号。给每一位专业观众提供一个客户号码，并将该号码印在邀请函上，一旦观众到会参观，会展只要读取该客户号码就可以知道有关信息。这可以极大地提高会展现场观众登记的效率，也有利于会展进行客户关系管理。

②在专业观众证上打印条码。观众进出展馆时用读码机读一次条码，以此来掌握观众进出展馆的次数和在展馆里停留的时间。用这种方法可以控制展馆里的人流量。

4. 观众登记时需要处理好的问题

①要有专人负责管理观众登记的现场事务，观众登记现场要保持秩序，不杂乱。

②观众提交的资料要尽量完整。如果观众没有填写好观众登记表的相关内容，现场工作人员要提醒观众登记，并在观众按要求填写后才给其办理进馆手续。

③工作人员现场录入的观众信息要力求准确，尽量减少错误。如果现场来不及录入观众的所有信息，可以录入其中主要的信息，其他信息在会展后期录入。

④观众提交填写好的观众登记表、邀请函和名片等资料要妥善保管，分类整理，以便以后对录入的观众资料进行核对。

⑤现场工作人员的工作态度要好，动作要迅速，并对会展有一定的了解，能回答观众提出的关于会展的一般问题。

如果会展希望观众登记工作更加专业，就可以将这部分工作委托给专门从事会展观众登记工作的公司去做。

通常来说，在服务区分很细的情况下，人流不会出现拥挤现象并可以快速移动。一些大型会展为了避免出现人群拥堵现象，往往安排多个出入口，少则三四个，多则超过十个。

二、会展现场人员引导服务

人员引导服务是会展服务管理中非常重要的一个环节。人员引导服务通常以票证管理等手段来控制非会展人员进入，与此同时，还要根据会展协议要求，或由组织者安排为会展入场提供疏导、礼宾服务。尤其对贵宾要提供从迎宾、登记、引领到座位的服务。

1. 票证管理

票证管理不仅适合于会展的餐饮服务，还适合于会展入场管理。会议组织者将相关证件发给与会人员，在会议入场时，由会议组织者安排专人在会场门口收取证件。如果有丢失证件的情况，应由会议组织者证实后给予补发。票证管理工作比较复杂，经常需要得到多方面的协助，如关于与会者餐饮方面票证的使用。票证管理的最大优点在于能准确清点出席的人数。

2. 非控制性入场

有时候，一些会议和展览对所有人开放，如社会性的大型招聘会等。如遇到这种情况，会议的服务和安全保卫工作就变得十分重要，需要组织力量保持会议秩序、保证展厅的畅通和安全等。

3. 入场管理

大多数会展要求进行入场登记。一方面是便于了解参加人数及人员情况；另一方面是为了限制非参加人员进入会场。

对于大型展览活动，最重要的一点是控制场馆的总人数，其中重要的手段就是在入口处做好人员的清点工作，具体可以采用控制入场人数、固定进场票据等方法。同时，要做好主要入口和出口的疏通工作，确保人流畅通，以及维护场馆安全。

4.贵宾的现场接待

会议开幕式的前半小时，会议组织者要安排级别相当的领导在会议中心或场馆门口迎接贵宾，他要了解每一位贵宾的姓名、工作单位、职务和将在哪一个贵宾室休息。贵宾抵达后，负责接待的会议负责人要安排专门的工作人员引路，将贵宾送到贵宾室，会议的主要领导应该在贵宾接待室迎接。贵宾在贵宾室的活动主要是在登记簿上题词或签字，接见或者合影。

当会议代表基本落座后将请贵宾进入会场，先引导坐在主席台下的贵宾席的贵宾入座，然后再请上主席台的贵宾入座。按照会议的日程，邀请贵宾参加会议的主要活动就是参加开幕式，开幕式结束后，他们通常将不再参加其他活动。如果会议附设展览会，会议组织者也经常邀请贵宾出席展览会的剪彩仪式，然后参观展览。贵宾中特别是有关的领导人参观展览，对于参展商将产生积极的影响。

5.媒体接待

新闻宣传也是生产力。因此应当重视并使用新闻媒体，对会展感兴趣的新闻媒体都会前来参加展览会的开幕式，有影响力的会议经常会有上百名记者现场进行采访。会议组织者应该在会场附近设立记者接待站，记者在这里可以领取记者证、新闻报道稿和其他有关材料。由于记者人数众多，开幕式开始前，除极个别媒体可以四处走动采访外，其他记者都需要坐在指定记者席。开幕式结束后，所有记者都可以自由采访。会展期间，会展主管机构可以安排一些媒体对会展情况进行采访报道。

三、会展现场咨询管理

在进行会展活动时，必须高度重视咨询管理工作，要尽一切努力让有关服务信息保持畅通，使参会各方乘兴而来、满意而归。会展主办方应在展览会现场设置咨询服务台，事先对服务台工作人员进行培训，使他们了解参展的各种信息和组展方各服务部门的工作职责，以便为需要者提供服务。现场咨询对工作人员的要求很高，咨询者需要询问的问题不仅仅停留在会展的现场组织、相关服务等问题上，有的时候还涉及与交易相关的具体问题，如车展上的有关车型、售价、优惠等方面的各种购车疑问。潜在客户往往不会满足于现场的参展商为自己提供的有限的、极具引导性的信息，他们希望获得更加全面、更加客观的参考依据。主办方在必要时可聘请行业专家，在会展现场为各参展商的潜在客户提供专业的咨询服务。

第七章　会展服务策划与指导

第一节　会展服务概述

一、会展服务定义与内容

1. 会展服务的定义

会展业属于现代服务业的范围，是现代服务业的重要组成部分，会展服务是为会展活动提供服务，其概念有广义与狭义之分。

（1）广义的会展服务

根据中国会展经济研究会秘书处于 2009 年 4 月编印的《会展大辞典（讨论稿）》中对会展服务的定义，广义的会展服务是指健全公共政策、加强会展联动、开展评优奖励、完善协调机制、扩大公共宣传、提供保障服务、为会展主体创造平等竞争的环境，用优质服务来培育品牌会展，吸引优质会展客户，吸引更多观众。

因此，广义的会展服务指的是政府、城市、会展行业协会、会展相关行业等为会展活动的主办者、承办者、与会者、参展者、客商及观众所提供的全方位服务，目的是通过这些服务促进会展业的整体发展和快速发展。

（2）狭义的会展服务

狭义的会展服务是指在某项会展活动中，由主办方或承办方向与会者、参展者、客商及观众所提供的各项服务，目的是通过这些服务保证会展产品的消费方能够顺利实现消费，主要包括采访、接待、礼仪、交通、后勤、旅游、文书、通信、金融、展台设计、展台搭建等方面。

狭义的会展服务由主办方或承办方提供，包括直接提供和间接提供。所谓间接提供就是指会展项目主办方或承办方介绍其他服务商来提供服务（服务外包）。在分工合作的大背景下，间接提供所占的比例越来越大。

2. 会展服务的内容

会展服务贯穿于会展活动的全过程，其内容丰富多样。

（1）会展服务对象

会展的服务对象包括参展商、观众和其他方面。对参展商的服务包括通报会展的筹备情况、提供行业发展信息、提供贸易成交信息、展示策划服务、展品运输、邀请合适的观众参观、展位搭建服务、展会现场服务、商旅服务等。其中，邀请到一定数量的合适观众到场参观，是会展组织者提供给参展商最重要的服务。

（2）会展服务区别于一般服务的特殊性

①会展服务的专业性。现代会展呈现出会议、展览、经贸、观光、休闲、娱乐、节庆表演等多种活动相结合的特点，表现出极强的综合性。为此，会展服务体现出很强的专业性，服务人员不仅要掌握政治、文化、营销、礼仪、服务心理等现代服务理论知识，同时还必须掌握接待礼仪、餐饮文化、现代设备设施的使用等专项服务技能。

②会展服务的人文性。会展服务是人对人的服务，强调"以人为本"，突出服务的人文关怀和个性化服务。在会展服务的全过程中，包括会展报名、主体选定、会场选择、会展筹备、会展策划、日程安排、会展布置、现场服务、食宿安排、交通选择、后续服务等，无处不体现服务的人文性。

③会展服务的时尚性。会展活动是新产品、新技术、新信息展示和亮相的重要舞台，具有引领潮流、展示时尚的功能。为此，会展服务内容要具有时尚感和现代感，能给所有参展人员留下深刻的印象。

④会展服务的集聚性。会展使得大量的人、物品、信息在同一时间和空间集聚，促使为会展活动而提供的各种服务必须在指定时间内集中完成，客观上形成了一种服务集聚现象。

⑤会展服务的协调性。会展服务是一项综合性的服务，涉及的部门众多，服务内容繁杂，因此无论是在筹备、现场管理还是反馈阶段，主办方都需要协调好各部门的工作，并与服务商全力配合，从而提高服务效率，实现共赢。

（3）会展服务功能

会展服务功能包括展览服务、信息咨询服务和商旅配套服务。

①展览服务。展览服务指会展提供的产品展示、贸易成交、新产品发布、展示策划等传统服务，这是会展的最基本服务，主要在会展现场完成。

②信息咨询服务。信息咨询服务指会展为参展商、观众和其他方面提供的有关行业发展、贸易需求、行业动态、市场分析等商务信息咨询服务。

③商旅配套服务。为了更全面地了解当地市场，部分参展商和观众会在参展之后进行市场考察，会展会为这些有需要的客户提供商旅咨询和组织商旅考察等服务。

（4）会展服务提供方式

会展服务的提供方式包括承诺服务、标准化服务、个性化服务和专业服务。

①承诺服务。会展组织机构事先对客户提供的各种服务的服务方式和服务质量等做出承诺，然后严格按照承诺提供服务。

②标准化服务。会展组织机构对客户提供的各种服务制定统一的标准，然后严格按照标准向客户提供规范的标准化服务。

③个性化服务。会展组织机构根据客户的不同需求而提供的差别服务。

④专业服务。会展组织机构根据会展行业实际需要，由经过专业培训的专业人员，以专业的方式和手段，为客户提供各种服务。

二、会展服务的基本特征

会展也是现代服务业的重要组成部分，与一般服务相比，既具有一般服务的共性特点，同时又具有一定的特殊性。

会展服务与一般服务的共性特征如下：

①服务的无形性。会展服务与一般服务一样具有无形性的特点，很多情况下参展商和观众难以识别这些无形的服务，服务质量也难以测量和控制，对服务的评价也大多依靠自身感觉进行，因此服务投诉较难处理。

②服务的即时性。服务与生产消费是同时进行的，同时服务产品也具有不可储存性。客户在会展服务中亲自参与服务流程，这样有利于会展组织者和客

户直接交流并建立紧密联系。但由于很多服务只能即时地提供给客户，不能预先生产储备，因此服务提供人员自身和客观环境等原因很容易影响服务质量。

③服务的差异性。会展服务是人对人的服务，因此具有高度的差异性。首先，由于服务人员的服务经验、个人素质、技术水平等方面的不同，同样的服务内容由不同的服务人员操作可能会出现很大差异；其次，同一个人进行同样的服务，由于服务对象、心理状态等方面的差异，服务质量也会存在波动；最后，客户的个人期望和享受服务的经验不同也会造成其对服务评价的差异性。

第二节　会展服务流程设计

一、会展服务流程的定义与内容

1. 会展服务流程的定义

服务流程是指服务组织向顾客提供服务的过程和组合方式，如服务时间、服务行为、工作方式、服务程序和路线、设施布局、材料配送、资金流传等。服务流程是富有创造性的作业，它能够体现一种与竞争对手不同的服务概念和战略。

会展服务流程管理就是在会展组织者完成一个会展项目的过程中，对会展服务对象，即客户和必要的信息与物质材料进行"处理"的过程或全部操作程序。

2. 会展服务流程的内容

由于会展活动是按时间顺序进行运作的过程，因此会展服务流程可以分为展前、展中、展后三大阶段，包括策划立项、组织管理、项目营销、运营服务管理、展会评价与后续服务五大业务群。

二、会展服务流程设计

1. 会展服务流程设计的方法

会展服务流程设计有三种方法。第一种是生产线法，用于设计标准化程度较高的服务流程；第二种是自助服务设计法，以鼓励客户参与流程为目标；

第三种是客户接触设计法，区分高接触部分和低接触部分，以使低接触部分成为独立于客户而存在的技术单元。会展相关企业在选择流程设计方法时应该根据不同的服务流程使用相应的设计方法，在实践中，更多的是将三种方法结合使用。

（1）生产线法

生产线法为客户提供了规范统一的形象、稳定可靠的服务质量和高效率的服务，适用于客户对服务需求差异化要求程度低的服务流程设计。其目标是设计一种可靠的服务环境，提供一种质量稳定的标准化产品，并提高组织的工作效率。典型服务类型如会展物流服务。

（2）自助服务设计法

自助服务设计法使客户在服务设备设施和少量甚至没有人工帮助的情况下，依照一定的服务流程进行自我服务。服务流程设计主要围绕两个核心展开：减少服务中的人际接触和提高服务的个性化程度，其目的是提高客户的参与程度。

（3）客户接触设计法

客户接触设计法是介于前两者之间的一种方法，兼顾了鼓励客户参与服务、提供和组织有效的后台生产两方面。服务系统分为高客户接触区和低客户接触区两部分。低客户接触区即后台区的运作，可采用生产线法进行设计。而高客户接触区即前台区的运作，生产者和消费者共同完成服务的提供与消费。因此，客户接触设计法就是保证在后台规模化生产的同时，在前台为客户提供人性化服务的方法。

2.会展服务流程设计的工具

会展服务流程设计通常要借助服务流程图和服务蓝图作为基本工具，将会展服务产品从输入转化为输出进行规划。会展服务流程图是从会展企业角度对服务系统的描述；会展服务蓝图是从会展客户角度对服务系统的描述。

（1）会展服务流程图

会展服务流程图是进行服务流程设计的基本工具，它由不同的符号组成。流程图中各种符号的含义如下：长方形表示流程中的作业（事件、步骤）；箭头（流向线）表示流程方向；倒三角表示缓冲区（处于等待状态）；菱形表示决策点。

根据作业步骤之间的关系，服务流程图可以分为串行流程图和并行流程图。串行流程图是指一项服务任务按照有序的步骤加以完成的流程图。生产线法就是按照串行流程图设计的。串行流程图又分为两种：一般串行流程图和带缓冲区的串行流程图。并行流程图是指一项服务任务由并行的多个步骤完成的流程图。并行流程图又分为一般并行作业流程图、提供同类服务的并行流程图和提供不同类服务的并行流程图。

（2）会展服务蓝图

会展服务蓝图从四方面来展现服务系统。

①三种行为。客户行为，是指客户在购买、消费和评价服务过程中的步骤、选择、行动和互动；服务人员行为，包括前台接待员工行为和后台接待员工行为；支持行为，是指服务企业的内部服务、支持服务人员的服务步骤和互动行为。

②流向线。流向线是指用来连接三种服务行为的箭头，它表明发生了服务接触，并指明了行为步骤的顺序。

③分界线。服务蓝图的三个行为部分由三条分界线分开。第一条线是互动分界线，表示客户与服务组织间直接的互动，穿越互动分界线的垂直线表明产生了客户与组织间的直接接触。第二条线是可视分界线，它将客户能看到的服务行为与不能看到的服务行为分开。第三条是内部互动分界线，用以区分服务人员的工作和其他支持服务的工作及人员。

④有形设施。服务蓝图的最上方是服务的有形设施，典型的服务蓝图设计方法是在每一个接触点上方都列出相应的有形展示。

会展服务蓝图的建立过程如下。

①识别需要制定蓝图的服务过程。要对建立蓝图的意图进行分析。服务蓝图可以在不同的水平上进行，还可以总结出更为详细的子过程蓝图。

②识别客户（细分客户）对服务的经历。不同细分市场中客户对服务的需求不同，服务过程也有所差异。在抽象的概念水平上，各种细分客户可纳入一幅蓝图，但若需要达到不同水平，则必须为某类细分市场开发单独的服务蓝图。

③从客户角度描绘服务过程。描绘客户在消费和评价服务中要执行或经历的选择与行为，这样就可以避免将注意力集中在对客户没有影响的过程和步骤上，为确定客户对服务过程的感受进行细致的研究。

④描绘前台和后台接待员工的行为。画出互动线和可视线，然后从客户和

服务人员的观点出发绘制服务过程，辨别前台服务和后台服务。

⑤把客户行为、服务人员行为与支持功能相连。画出内部互动线，识别服务人员行为与内部支持职能部门的关联。

⑥在每个客户行为步骤上加上有形设施，说明客户在经历每个步骤中得到的有形物质。

3. 会展服务流程设计的步骤

会展服务流程设计是指从整个会展服务提供系统的总体出发，确定服务提供的基本方式和服务生产特征，设计各要素具体的、细节性的思路和方向。因此，会展服务流程设计应包括以下内容。

①确定会展服务流程的类型。

②根据会展服务流程的类型选择服务流程设计的基本方法，以明确服务提供的基本方式和服务生产特征。

③对会展服务提供（生产）系统进行总体描述和规划设计。

第三节　会展服务质量管理

一、会展服务质量评估步骤

会展服务质量是会展服务管理的核心。随着会展市场竞争的日趋激烈，会展服务质量已经成为会展主办单位争夺市场、招揽参展商和赢得客户满意、获得可持续发展的基石。服务质量是影响企业竞争力的主要原因之一，提高服务质量是获得长期竞争优势的最佳途径。

目前，国内会展理论研究领域并未形成具有权威性和统一性的会展服务质量评估方法与机制，现阶段主要还是借鉴国外服务质量管理研究中发展成熟的评价模型，结合我国会展服务的特点制定相应的评估体系，通过教学统计的方法得出评估结论。本书介绍的会展服务质量评估具体步骤如下。

1. 明确评估主体及客体

一般而言，会展服务质量的评估主体分为四类：会展行业的主管部门或行业协会、会展服务的提供者（会展主办方）、会展服务的购买者（参展商和观众）和社会公众。在世界会展经济发达的国家，会展服务质量评估相对成熟，通常由政府认定的统一行业机构进行会展服务质量的评估工作，对各类数据进行审核评估，定期公布结果，为会展业内和其他相关机构提供比较分析依据。例如，德国的会展评估是由专门的第三方机构 FKM 公司担任的，该公司的主要业务是制定统一的展览会相关指标的统计审核标准，保证会展分析数据的客观性和真实性。由于起步较晚，我国目前还没有具备权威性和公信度的第三方评估机构，我国会展业的发展仍以政府为主导，政府和行业协会发挥各自的优势。

会展服务质量评估的客体包括会展服务质量构成的全部内容。会展服务质量评估的四类主体中，不同的评估主体对赢得的评估内容也会有所差异。会展行业的主管部门和主办方一起制定各类质量标准和评估指标、评估方法并定期或不定期地对主办方和其所提供的服务进行考核评估；参展商和观众主要结合自身体验来判断其购买预期的实现程度，从而对会展服务质量进行评估；社会公众则综合前三者的评估结果并就会展服务对全社会经济发展所做出的贡献来评估。

2. 选择合适的评估模型

评估模型的选择会在一定程度上影响服务质量的评估效果，各模型有其使用的范围和情景，评估主体需要根据评估客体及目的着重进行选择。目前常用的评估模型有差距分析模型、SERVQUAL 评价方法和重要性—绩效（简称 IPA）模型三种。

差距分析模型是美国的服务管理研究组合 PZB 于 1988 年提出的，它是指服务质量的高低可以用顾客对服务质量的真实感知和顾客对服务质量的期望之间的差距程度来衡量。该理论很好地解释了感知服务质量产生问题的原因，是目前应用最广、最典型的一种感知服务质量分析模型，也是服务质量评估的理论基础。

SERVQUAL 评价方法是以可靠性、有形性、响应性、保证性与移情性五大质量维度为基础，包含 22 个问项，以七点量表来评价并进行实证调查与分析的服务质量评价量表。该方法有很强的规范性，问卷数量适中，方便实际操作，广泛应用于零售、银行、电子商务等行业。但很多学者认为，为适应不同行业的环境和背景差异，在应用时还应做出相应修正，这样必定会影响该模型的普遍适用性。

IPA 分析方法是通过比较服务评价因子的重要性与实际绩效来确定服务质量改进的轻重缓急，以将有限的资源用在"刀刃"上。目前，已经在旅游目的地形象、旅游产品的质量、旅行社及酒店业的服务质量等方面的研究中运用了该方法。该模型简单明了、易于操作，对于评价项目没有明确规定，需要根据测评对象的特点进行设定，因此测评结果更具有针对性，但也因其灵活性可能导致不同的人在测量同一项服务时的结果具有较大差异。若评估主体的目的是短时间内制定服务质量提升战略规划，确定实施的轻重缓急，则该方法更适合。

3. 制定评估体系

在选择评估体系时要遵循一定的逻辑规律和依据，最好进行预调查或参考以往调查的成熟经验指标进行。指标的选取要涉及硬件设备质量和软件服务质量。硬件设备质量主要包括设施设备质量、环境质量、服务用品质量和实物产品质量等。软件服务质量主要包括会展工作人员的服务态度、工作技能等方面。服务质量的评价不仅要包括各项服务的满意程度，还要调查各项服务的重要程度即指标权重，只有这样才能进一步调查评估者的真实感知，以获取提升服务质量的价值信息。

制定评估体系时要遵循一定的原则，包括可操作性原则、可比性原则、系统性原则和科学性原则。同时，如果要保证制定的评估量表具有良好的信度和效度，使得评估结果能客观真实地反映评估者的感知和服务质量的情况，还要根据不同的行业和经济环境，对量表进行一次甚至多次的修正。修正量表的主要方法有访谈法、德尔菲法（又称专家咨询法）和预测法。

4. 质量评估的实施

在服务质量评估的实施阶段，主要是根据已经指定的评价标准进行实际调查。目前，应用较为广泛的一种调查方法是问卷调查，即由调查者根据调查目的设计各类调查问卷，然后采取抽样的方式（随机抽样或整群抽样）确定调查样本，通过调查员对样本的访问，完成事先设计的调查项目，最后统计分析得出调查结果。问卷调查法严格遵循概率和统计原理，其调查方式具有较强的科学性，且易于操作。除此之外，在对参展商的调查方面，可以采用小组座谈和重点客户拜访的方式了解其真实的需求感知。而在观众的调查方面，需要采取随机抽样的方式以确保样本的可靠性。除了采取人员调查以外，还可以在出入口、休息区、咨询台设置一些固定的调查问卷收集点，或在会展电子商务平台设置评估项目，方便参展商和观众在线评估。

服务质量评估的实施过程是决定评估效果好坏的关键因素。如果没有评估主体的实事求是、评估对象的积极配合，就难以获得真实有效的评估结果，更不要说达到提升会展服务质量的终极目标了。

5.评估结果的运用

通过服务质量评估体系的建立和评估过程的实施，最终得到的评估结果主要运用在以下五方面。

①了解整体服务质量水平。根据 SERVQUAL 评价方法得出的 SQ（服务质量）值从数量上反映了服务感知质量和期望的差距关系。需要注意的是，SQ 值的正负并不能确定服务质量本身的高低，而可能是调查对象的感知期望过低或过高所致，因此，评估方更应关注产生这一结果的原因，探究造成不良感知的根源。

②了解各项指标的期望和感知分布。通过 SERVQUAL 量表中的期望值排序、感知值排序和差距值排序，可以清晰地显示出导致顾客不满意的因素出现在服务的哪个环节。

③了解服务质量的变化动态。评估结果可以对不同会展企业的服务水平进行比较分析，找出本企业与其他企业的服务质量差距。也可以对不同时期的服务质量进行对比评估，有效预测服务质量的发展趋势和改进效果，了解评估对象感知期望的变化。

④制定会展服务质量提升战略。IPA 模型是现代管理学中广泛应用的战略分析法，通过影响因子的象限分布，直观地反映各个质量指标所处的优、劣势位置，便于评估者做出相应的战略规划。

⑤形成良好的互动机制。通过评估方和顾客的积极配合，既能了解顾客对服务质量的真实感知，又能正面宣传企业文化和服务理念，形成良性互动机制。

二、会展服务补救

追求服务质量的零缺陷是每个服务企业所追求的，但对于没有统一服务质量标准的服务业而言，发生服务失误的概率比制造业大得多。众所周知，没有毫无缺陷的服务系统，因此发生失误也是在所难免的。关键是当服务失败时，会展企业要有服务补救的意识，及时采取补救措施把对顾客和企业所造成的损失降到最小。

1.服务补救的方式

会展服务企业要想挽回顾客，可以采取以下五种方式：道歉、紧急复原、移情、象征性赎罪和动态追踪访问。每一种补救方式都是建立在前一种方式的基础上进行的。

（1）道歉

向顾客道歉是服务补救的开始。当会展服务企业意识到顾客的不满时，就应及时向顾客道歉。道歉在一定程度上就意味着承认错误。但必须承认的是，会展企业有时确实是无能为力的，服务失败有时是客观存在的，企业有必要向员工阐明向失望顾客道歉的必要性。道歉的举动虽然小，但顾客会深切感受到他们对于组织的重要性，这也为重新赢得顾客的好感做了铺垫。

（2）紧急复原

紧急复原是道歉的自然延伸，也是不满的顾客所期望的。"紧急"不仅表明会展企业采取行动要迅速，也表明了会展企业对顾客的重视和对自身错误的深刻认识以及企业自身较强的纠错能力。"复原"意味着会展服务企业为纠正错误而做出的努力。与得体的道歉一样，紧急复原行动令顾客知道其满意程度对会展企业的重要性。

（3）移情

当完成紧急复原的工作以后，会展企业就要对顾客表示一点移情，这也是成功的服务补救所不可缺少的。会展企业要对愤怒的顾客表示理解，理解因服务失败未能满足顾客要求而给他们带来的损失。但需要注意的是，移情不仅仅是简单地承认失败（这是道歉所完成的），更重要的是努力地去理解为什么顾客会对服务感到失望，并找出失望的原因。因此，提高员工的倾听和移情技巧也很重要。

（4）象征性服务

对顾客表示理解和同情很重要，但这时顾客仍未得到补偿，所以在移情之后还要以一种有形的方式来对顾客进行一定程度的补偿，如赠送礼物。之所以称为象征性服务，是因为会展企业提供给顾客的不是服务的替代品，而是一种象征性的补偿。象征性服务的成本过高和过低都会影响补偿效果，因此确定顾客的接受临界点也是一项重要的工作。

（5）动态追踪访问

在进行了一定的补偿之后，会展服务企业还要看其挽回顾客的努力是否有效果。通过对象征性赎罪的动态追踪访问，企业可以衡量所采取的措施是否得到了顾客的认可，是否在一定程度上缓解了顾客的不满，以便及时调整补救措施。动态追踪的形式可以根据服务的类型和服务补救情景而定，如电话回访、口头询问等。

2. 服务补救的方法

服务补救的方法主要有以下四种，实际服务工作中大多采取多种方法相结合的方式。

（1）逐件处理法

逐件处理法强调顾客的投诉并不相同，需要会展服务管理者逐件去处理，并具体情况具体分析。这种方法执行成本较低，但也具有一定的随意性。例如，最固执或最好斗的投诉者经常会得到比较通情达理的投诉者更令人满意的答复。这种方法的随意性会造成不公平的现象。

（2）服务系统响应法

服务系统响应法是使用服务管理的制度与规定来处理顾客投诉的。由于采用了识别关键失败点和优先补救标准这一计划性方法，它比逐件处理法更加可靠。只要响应制度与规定不断更新，这种方法就非常有益，因为它提供了一致性和及时性的响应模式。

（3）早期干预法

早期干预法是服务系统响应法的另一项内容，它试图在服务失误影响顾客以前干预和解决服务流程的问题。

（4）替代品服务补救法

替代品服务补救法是通过替代品来进行服务补救，从而利用竞争者的错误去赢得其顾客。有时，处于竞争中的服务企业支持这种做法，如果竞争对手可以提供及时优质的服务，它就可以利用这个机会来赢得顾客。但通常竞争者的服务失败是保密的，因此该方法实施起来存在很大的困难。

第八章 会议活动策划与指导

第一节 会议概述

会议是人们为了解决某个共同的问题或出于不同的目的聚集在一起进行讨论、交流的活动，它往往伴随着一定规模的人员流动和消费。作为会展业的重要组成部分，大型会议特别是国际性会议在提升城市形象、促进市政建设、创造经济效益等方面具有特殊的作用。

一、会议的内涵

会议是人类社会自古以来就存在的一种社会现象。早在原始社会，人类为了生存和分配共同的劳动成果，就已经出现了"氏族议事会"。在议事会开会时，人民——男男女女都站立在周围，按照规定的程序参加讨论。随着近代社会经济的发展，会议在人们的社会交往实践中，作为一种重要的交流、管理手段逐渐发展和完善。在现今社会生活中，各类会议活动更是随处可见，已经成为一种经常性的社会活动形式。无论是各种国际组织、国家机关，还是企事业单位，无论是国家之间建立外交关系、达成协议，还是组织内部开展政务、经济事务、文化教育及其他活动，都要通过召开会议来达到集思广益、有效沟通，或传达信息、资源共享，或表彰先进、树立典范，或解决问题、推广经验等目的。

"会议"乃"会"而"议之"，"会"而"不议"则非会议。《韦氏新大学词典》关于"会议"的解释是：会议乃一种会晤的行为或过程，是为了一个共同目的而开展的集会。《现代汉语词典》（修订本）对"会议"的释义是：会议是有组织、有领导地商议事情的集会。一些无领导、无组织、无目的的聚合议论、闲聊，则不能称为会议。孙中山先生认为："凡研究整理而为之解决，一人谓之独思，二人谓之对话，三人以上而循一定的规则者，则谓之会议。"同时，当代西方学者认为：会议（Meeting）是两个或两个以上的人邀请聚会，听取报告、做出决定或采取某些合法行动的集会。

可见，会议是指3个或3个以上的群体（其中1个可以是主持人）为了研究问题、交流信息、获取知识、统一思想等目的中的1个或多个而在特定时间聚集在特定的地点、围绕一定的主题、按照一定的规则所进行的演讲、发言、讲解、讨论、商议、交流等行为，从而集思广益、以口头发言或书面交流为主要方式的、有组织有计划的商议活动。是一种有效的多向沟通方式。会议有广义和狭义之分：狭义的会议是指至少有3人参加的集体性商议活动，即传统的会议；广义的会议还包括两人或双方之间的会见与会谈以及各种仪式。形成会议的主要条件是：有明确的指导思想、预期目标、具体议题；有明确的时间、地点；有主持人和参加人员。

会议已经成为人们相互沟通的生活形态，它深刻地影响着我们的生活。会议是一种群体性的社会活动，个人的看法或想法往往有其片面性和局限性，假如将看法或想法各异的许多人聚集起来，通过交流和沟通，解决问题的角度就会呈现多元化。

二、会议要素

（一）主办者

主办者是指对会议活动的组织、管理、协调负主要责任的机构或者个人的统称。会议都是由主办者举行的，主办者通常包括具有领导和管理职权的机关、会议活动的发起者、特定组织的成员、通过一定的申办程序获得主办权的组织。会议的主办者一般可分为公司、协会或非营利性机构（如政府机关、公众团体）等。随着会议主办形式的发展，现代会议的主办者还往往涉及相关协办者或赞助者。

1. 协办者

会议活动如有必要，可以在主办者之外，确定若干协办者。协办者对会议活动应承担民事连带责任。会议协办的方式主要有以下六种：①经费资助，即协办者向主办者提供一定的经费支持。②名义使用，即协办者允许主办者以自己的名义举办会议。③智力支持，即协办者向主办者提供咨询、策划等智力支持。

④物资援助，即协办者向主办者提供举办会议必需的物资。⑤人力保障，即协办者向主办者提供举办会议所需的会务人才支持，包括临时借调工作人员、招募志愿者等。⑥工作分担，即协办者分担主办者的一部分组织工作。这种情况下，主办单位与协办单位的分工必须明确。协办可以是无偿的，也可以是有偿的。

2.赞助者

在举办一些大型会议活动时，争取赞助是解决会议经费问题的有效办法。赞助的方式可以是提供资金，也可以是免费或优惠提供场地、设备和其他会议用品。赞助者也可以是协办者，但两者在法律责任上有所区别，协办者负民事法律上的连带责任，赞助者则不承担民事责任。赞助者通常可以获得会议活动的会徽、吉祥物、名称的使用权。

（二）承办者

具体落实会议组织任务的机构或个人称为会议承办者，会议承办者既可以来自主办者内部，也可以来自主办者外部。承办者对主办者负责，具体职责由主办者决定或协商谈判确定。内部承办者往往是来自会议主办组织中的成员，通常会设立一个秘书处或筹划委员会，专门处理会议的筹备、管理和策划工作。秘书处或筹划委员会要负责确定会议目标、为会议选址、确定与会人群、确定会议时间、调配资源、安排人员、批准预算等。外部承办者通常是会议或相关行业中的专业人士，如专门提供会议承办服务的会展公司或旅行社。随着会议中介服务的发展，有越来越多的主办者将会议委托给中介公司筹办，这样，会议中介公司就成为具体承办者。此外，会议的承办涉及为会议提供各种服务和物资的供应商，其中包括酒店、会场、旅行社、航空公司、公关组织、印刷公司、货运公司，甚至电工等。会议的主办者将这些服务项目承包出去，这些机构也就成了具体的承办者。

（三）与会者

与会者就是参加会议的正式成员，既包括主持人，也包括秘书，但不包括在会场上的其他服务人员。

（四）主持人

主持人是会议过程中的主持者和引导者，也往往是会议的组织者和召集者，对会议的正常开展和取得预期效果起着领导和保障作用。

会议主持人通常由有经验、有能力、懂行的人，或是有相当地位、威望的人担任。一般有两种情况：一种是固定主持人，是由其职务和地位，也就是由组织的章程或法规决定的；另一种是临时主持人，比如，各种代表会议，或几个单位、几个地区的联席会议，则由代表们选举或协商产生。特别重大的会议，则需产生相应人数的主席团，由主席团成员集体或轮流主持会议。

（五）议题

议题是会议所要讨论的题目，所要研究的课题或是所要解决的问题。议题必须具有必要性和重要性，又必须具有明确性和可行性。会议围绕这样的议题展开讨论、进行研究，才容易取得共识或最后表决通过。每次会议的议题应该尽可能集中、单一，不宜过多，也不宜太分散。尤其是不宜把许多互不相干的问题放在同一会议上讨论，使与会者的注意力分散，不利于解决问题。

有些重大的代表会议，先由代表提出"提案"，由秘书或秘书处汇总，再提交主席团或专门的"提案审查委员会"审议通过，才能成为列入会议议程的正式议题。

（六）名称

正式会议必须有一个恰当、确切的名称。

俗话说，"名不正则言不顺"。会议的名称要求能概括并能显示会议的内容、性质、参加对象、主办单位或组织、时间、届次、地点或地区、范围、规模等。

会议名称必须用确切、规范的文字表达。它既用于会前的"会议通知"，使与会者心中有数，做好准备；又用于会后的宣传，扩大会议的效果；更用于会议过程中，使与会的全体成员产生凝聚力。

大中型的会议名称被制作成横幅大标语，置于会议主席台的上方或后方，作为会议的标志，简称"会标"。会标必须用全称，不能随意省略，以免不通，产生误会。

（七）会议时间

会议时间有三种含义：一是指会议召开的时间；二是指整个会议所需要的时间、天数；三是指每次会议的时间限度。

1. 召开时间

某个会议什么时间召开最合适？要考虑多种因素。首先是需要，如每周一次的工作例会，通常放在周末的下午，一周即将结束，下一周就要开始，利于承上启下。一年一度的职工代表会议，宜于年初召开，既利于总结上年的工作、生产成果，又利于讨论、部署新一年的工作、生产计划，通过各种预算等。有些会议如农业生产、学校教育等本身就有很强的季节性或季度性。其次最好是每位与会者都能参加的时间。如日本的有些企业召开各部门干部汇报会，常定在下班前半小时，而不是安排在刚上班时。再次是适宜，即要考虑气候、环境等自然因素和社会因素。

2.需要时间

会议需要时间可长可短，尽量紧缩。少则几分钟、几十分钟；多则几天、十几天。会议组织者应尽可能准确地预计需要时间，在会议通知中写明，便于与会者有计划地安排。

3.时间限度

每次会议时间最好不超过 1 小时。如果需要更长时间，应该安排中间休息。

（八）地点

会议地点，又称"会址"。既是指会议召开的地区，又是指会议召开的具体会场。为了使会议取得预期效果，选择会议的最佳会址也得考虑多种因素。

国际性或全国性会议，要考虑政治、经济、文化等大因素；专业性会议，应选择富有专业特征的城乡地区召开，以便结合现场考察。小型的、经常性的会议就安排在单位的会议室。选择会址，还要考虑会场设施、交通条件、安全保卫、气候与环境条件等因素。

（九）会议的表现形式

会议的表现形式很多，只要是在一定时间内有目的、有组织地把有关人员召集起来，传递信息、协商事项、研究问题、布置工作、交流经验等，都可以说是会议。在竞争激烈的当今社会，每天都在进行着各种会议活动，包括从国家之间的大会议到家庭内部的小会议。

三、会议的分类

（一）根据会议参加者、目的以及内容的不同分类

1.会议

（1）大会

大会是指一个协会、俱乐部、组织或公司的正式全体会议。参加者以其成

员为主，其目的是决定立法方向、政策、内部选择、同意预算、财务计划等。所以，大会通常是在固定的时间及地点定期举行，也有一定的会议程序。

（2）年会、例会

年会和例会是会议领域最常用的字眼，它指就某一特定的议题展开讨论的聚会。议题可以涉及政治、贸易、科学或技术等领域。

当今的年会通常包括一次全体会议（General Session）和几个次组会议。年会可单独召开，也可以附带展示会（Exhibition）。多数年会是周期性的，最常见的周期是一年一次。年会常有的内容是市场分析报告、介绍新产品和公司策划等。在美国，Convention 通常是指工商界的大型全国甚至国际集会，包括研讨会、商业展览或两者兼具。

（3）专门会议与代表会议

专门会议几乎与年会相同，通常有许多与会者参加讨论并参与活动。年会这一字眼常被贸易界用于一般性的会议，而专门会议常常是科技界使用的术语，贸易界也使用这个词，因此，两者没有实际意义上的区别，仅仅是惯用语不同而已。专门会议的议题通常涉及具体问题并就其展开讨论，可以召开分组会，也可以只开大会。

代表会议一词最常被欧洲人和国际性会议使用，我国实行的社会制度就是人民代表大会制度。在性质上，代表会议是与专门会议相类似的活动，并且这一词在美国被用来指称立法机构。代表会议的与会者数量常参差不齐。

2. 研讨会

（1）讲座

讲座是一种比较正式或者说组织较为严密的活动，通常由一位专家单独做示范。会后有时安排听众提问，讲座规模的大小不定。

（2）论坛

论坛的特点是反复深入地讨论，一般由小组组长或者演讲者来主持。与会者的身份均要求先被认可，其过程一般由一位主持人主持，听众参与其中，各种各样的问题分别由小组组长和听众提出讨论。两个或更多的发言人可以就各自的不同意见向听众，而不是向对方，进行阐述，再进行反复的讨论，最后由主持人做出结论。

（3）专题学术讨论会

专题学术讨论会是由某一领域内的专家构成的集会，就某一特定主题请专家发表论文，共同就问题加以讨论并做出建议。研讨会（Seminar）与论坛（Forum）相类似，参与人数较多，会期在 2 ~ 3 天，进行方式比论坛更为正规。典型的特点是一些个人或者专门小组要做示范讲解，一定数量的听众会参与讨论。但是相对论坛而言，会议中较少有观点和意见的交流。

（4）研讨会与座谈会

研讨会是指一群具有不同技术，但有共同特定兴趣的专家，借由一次或一系列的聚会，来达到训练或学习的目的。与其他类型的会议相比，研讨会通常有充分的参与性，在这一点上，与那种有一个或多个主讲人站在讲台上向听众示范的模式是完全不同的，而是由一位会议主持人来协调各方。这种模式适用于相对小型的团体。

座谈会有一位专门的主持人主持，由一小群专家为小组成员针对专门课题提出其观点再进行座谈。小组成员之间、主要发言人与组员之间都要进行讨论。

（二）根据会议技术手段分类

1. 传统会议

传统的会议指与会者面对面地围坐在一起召开的会议。此类会议没有对技术装备的依赖。在参加人员过多、不容易听清楚他人发言的时候，发言人先是借助一支话筒，后来改为扩音设备，以备把声音传送得更远一些。但它仍然是面对面的、即时性的、单一自然语言之间的直接交流。

2. 现代电子会议

电子会议是运用通信手段，以及在各种电子设备的支持下进行的本地或异地的会议。电子会议系统可以由长途电话系统或是由声音、图像及计算机等系统集合而成，参加会议的人员经常是成组地聚集在一处或多处，进行面对面及本地群组（人）与远程群组（人）之间的交互流动。可分为：电话会议与视频会议。

（三）按照会议的地域范围和影响力分类

1. 国内会议

国内会议是会议代表均来自会议举办国的会议活动，又可细分为全国性会议和地方性会议。

2. 国际会议

国际会议是会议代表来自不同国家的会议活动，一般又细分为全球性会议和区域性会议。

（四）按照会议的性质分类

1. 营利性会议

营利性会议大多由专业会议公司或一些营利性机构来组织，如企业战略研讨会、营销高峰论坛、行业培训会议等。

2. 非营利性会议

非营利性会议如政府工作会议、协会会议、公司内部会议以及非营利性组织筹办的会议等。

（五）按照会议活动的内容分类

按照会议活动的内容来划分，会议具体可分为商务会议、文化交流会议、专业学术会议、政治会议及培训会议等。

（六）按照主办者的性质分类

这是国际上通用的最主要的会议划分方法，一般分为协会（行业）会议、公司会议和其他组织会议三大类。表 8-1 显示的是会议按照主办者的性质分类及其类别的特点。

表8-1　按照主办者的性质划分的会议

会议种类	特点
协会（行业）会议	会议市场上的主要客源，具有周期稳定、规模大等特点，主要目的在于扩大本行业的交易和促进行业发展，如贸易、医药等行业会议
公司会议	公司组织处理本公司的事务，有关营销、培训或股东讨论等会议
其他组织会议	如政治团体、宗教等其他组织举办的会议

四、会议的作用

会议是人类在社会活动中形成的一种互动方式。随着社会的不断发展和信息流量的迅速增加，会议这种形式越来越受到人们的重视。不同的会议有不同的作用，概括起来会议的作用主要有以下五方面：

（一）集思广益、科学决策的作用

各机关、单位基本上都会通过会议的形式对一些重大问题进行决策，经过深入的分析研究，群策群力，最后得出结论性的意见，这样就体现了会议的决策作用。会议的召开便于各级领导充分掌握有关信息，充分发挥干部群众的智慧，为决策的制定与实施奠定基础。同时，也可以在会议的讨论中，了解基层群众、下属员工的实际情况和思想动向，对领导认识上的差别可以及时进行纠正，对反映出来的问题可以进行具体的分析和解决。召开会议的过程通常是把群众的智慧集中起来，变为增加领导智慧、丰富领导思想和完善领导决策的过程。

（二）发扬民主、动员群众、宣传教育的作用

会议可以说是领导机关和各级领导密切联系群众的纽带。与会者来自不同单位、不同行业，召开会议可以认真听取与会者的意见和要求，了解各行各业的具体情况。有些会议经过对领导决策的讨论、领会，将领导意图转化为群众的思想和行动，起到了动员群众、组织群众的作用；也有一些会议的作用，旨在思想教育、鼓舞斗志、介绍经验，或者传授知识和技能，达到某种宣传和教育的目的。如积极分子典型事迹报告，先进集体和先进个人的表彰，重大历史事件的通报和形势报告、情况传达等，都可以采用会议的形式，起到宣传典型人物，教育广大干部群众的作用。

（三）传达信息、资源共享、学习交流、拓展思路的作用

各机关、单位担负着上情下达、下情上传的任务，需要召开各种会议，尽快地将信息上传下达。可以说会议是信息的"聚集地"，也是信息的"发散地"。各类经验交流会、汇报会、广播会、座谈会、调查会，通过汇报、交流、学习、讨论，可达到沟通信息、交流情况、统一思想和协调工作的目的，使上下左右各方能够互相理解与支持。

在会议中，与会人员之间可以正面交换意见，信息共享，相互学习，对工作中经常出现的问题互相交流工作经验，以形成企业内的学习文化氛围。比如，技术人员在会上可以进行技术交流或对新技术的学习、研讨，以获得经验总结、技术攻关对策以及技术创新的灵感。通过信息的交流以及相互学习，使人们从新的角度和新的观点，也就是从更广阔的认识空间来思考问题，擦出思想的火花。因此，会议活动既是一个信息的共享过程，也是一个有效的智力开发过程。

（四）协调矛盾、统一思想、促进生产、推动工作的作用

会前，人们往往会对同一个问题的看法存在某些差异。在会议上，大家可以围绕一个共同的目标讨论、研究和论证，求同存异，最终达成共识、形成合力，从而起到推动工作的作用。许多公司或部门的常规会议的主要目的是监督、检查员工对工作任务的执行情况，了解员工的工作进度；同时，借助会议这种"集合"的"面对面"的形式，来有效协调上下级以及员工之间的矛盾。

（五）国际交流、跨文化的沟通作用

当今社会，随着我国改革开放和全球化进程的加快，国际交往日益频繁，越来越多的会议发挥着国际交流和跨文化沟通的作用。例如，以"加强知识产权保护国际合作　打造国际一流营商环境"为主题的第十六届上海知识产权国际论坛，就是通过对话、讨论、主题演讲等方式，交流世界各国各地区在知识产权保护方面取得的成就与经验，探讨创意产业界面临的知识产权机遇与挑战，探索通过加强知识产权工作推动创意经济快速发展，从而提高国人对创意产业及其知识产权保护的认识。

【案例】

草拟经理工作例会讨论稿

××房地产公司以前有时会出现信息不流通、问题解决不及时的情况。赵总经理刚刚走马上任，准备制定一套工作例会制度，旨在加强各部门之间的沟通、联系和协作，建立监督机制，提高工作效率，进而推动公司逐步走向规范化管理。所以，赵总经理准备召开一次关于讨论制定工作例会制度的会议，他让秘书先草拟一份工作例会制度以便在会上讨论。秘书接到任务后，拟写了如下会议讨论稿：

1. 会议时间：每月 1 日至 5 日，具体时间会前通知。

2. 参会人员：公司领导、各部门经理。

3. 会议需提交的材料：各部门须于会前将上月的工作总结和本月工作计划准备好。

4. 会议形式：原则上，各部门均需汇报工作。各部门可根据工作侧重点有选择地汇报。会上将根据部门存在的问题共同研究解决方案，公司领导根据各部门工作情况提出要求。

第二节　会议迎送方案策划

一、迎送和引导

（一）准备工作

准备工作即了解与会人员的情况，包括：①姓名、性别、年龄、身份、职务、民族、宗教信仰、生活习俗、健康状况、所代表的组织机构等基本情况；②参会目的；③与会人员抵离时间和所选择的交通工具。上述情况可通过汇总会议回执和报名表，或查阅以往会议的档案资料获得。

（二）确定迎送规格

对于邀请的 VIP、嘉宾和重要发言人，应遵循身份相当原则安排工作人员和车辆迎送。通常迎送人与主宾身份相当，按照高规格接待来宾，体现高度重视、对外开放、扩大宣传的服务理念。迎接重要的来宾，可以献花，通常由女童或女青年在参加迎送的主要领导与主宾握手之后将花献上，忌用菊花、杜鹃花、石竹花和黄色花朵。

（三）不同的客人按不同的方式迎接

对大批客人的迎接，可事先准备特定的标志，让客人从远处即可看清；对首次前来，又不认识的客人，应主动打听，并自我介绍；对比较熟悉的客人，则不必介绍，仅上前握手，互致问候即可。

（四）掌握到达和离开的时间，如有变化，应及时通知有关人员

迎接人员通常应提前 15 分钟到达迎接地点，绝对不能迟到。迎送的目的是为了让每一位与会人员都有宾至如归的感觉。

二、会议登记

会议召开前，会议登记是最重要的工作。会议登记给与会者的第一印象非常重要，为做好会议登记，会议组织者必须准备好以下会议登记时所需的材料。

（一）会议登记表

填写会议登记表是收集与会者信息的最佳途径之一。会议登记表的项目基

于会议组织者需要了解多少与会者的信息。使用何种登记形式要视会议规模、会议种类而定。

（二）会议入场证

会议入场证可采用印刷、计算机打印、手写等形式，通常印有会议的标志、会议名称以及与会者姓名、单位、编号等，有时还附上本人照片。

（三）票证

会议期间会用到宴会餐券等各种票证，宴会餐券或其他特殊活动的票证要求按时间、用途的顺序写清楚。发放票证是控制人数的一种好方法，尤其在特殊活动中以票证为凭证可掌握出席的准确人数。

（四）会议资料袋

资料袋中装有与会者在会议期间所需要的各种信息，包括便于客人了解会议的资料和闲暇时间娱乐需要的资料。

（五）与会者通信录

与会者通信录便于与会者查找同事、老友，结识同行业的新朋友，也便于以后联系及交往。

三、住宿安排

对会议的住宿安排，要仔细分析与会者的基本情况（职务、年龄、生活习惯等），事先制订方案，做到合理分配。安排住宿时应处理好以下五方面：

（一）集中住宿

为了便于会议期间的信息沟通和会务联系，最理想的住宿安排是与会者都能（或相对集中）住在举行会议的同一家宾馆。住宿地与会场距离要近，最好住宿地与会场同在一个宾馆或酒店，或住宿地离会场较近，这样既方便，又节省时间和交通费用。

（二）住宿安排合情合理，适当有别

安排房间时，要考虑房间的布局是否集中，与会者的身份高低不同是否有必要做到有所区别。一般来讲，与会者中老、弱、病、残人士，应安排他们住底层或离服务台近的房间；会议主要嘉宾的陪同或随行人员的房间，应安排在会议主要嘉宾的房间附近，最好是在隔壁或对面，以方便照顾；会议接待人员的休息室应安排在离楼层入口或电梯间较近的地方，并有醒目的标志，方便与

会人员联络和寻找；也可将吸烟人员与不吸烟人员分开安排。

（三）住宿规格适中，勤俭节约

要根据会议活动的实际需要来确定与会人员住宿的规格与标准，提供适合的住宿规格与标准。

（四）与会者住房表

一种是把所有与会者的名单按一定的顺序排列的住房表，在名字后面写上房间号码。另一种是按房间号码顺序排列的住房表，在每个房间后面写上与会者的姓名。这种住房表便于向与会者传递信息等。

（五）住宿押金和账户

如果会议注册费中不包含住宿费，那么必须要求与会者事先缴付一定的押金，以免会后收不到会议住宿费而造成损失。会议组织者应当在宾馆开设两种账户，一种是总账户，另一种是个人账户。所有会议的集体开销和包含在会议注册费里面的与会者的开销均记入总账户，与会者的其他个人开销记入其个人账户。总账户由专人控制，只有指定的会务人员签字的账单才可以记入总账户。

四、餐饮安排

通常，会议筹备组会指定具体负责人根据餐饮活动预算与餐饮服务方谈判，确定每个餐饮活动的细节。会议的餐饮服务方也应安排一个主管以上的管理人员作为餐饮负责人，全面负责会议的餐饮服务。为了提高工作效率，要求餐饮负责人必须要有权威性，能够代表服务方进行谈判，对于餐饮活动的各个细节能够尽快做决定。会议组织者可以根据自身要求，设计出本会议的餐饮预订单，细节内容必须考虑到：日程和时间、用餐场地、餐饮形式、标准和规格、价格、菜单（含酒水）、饮食禁忌、预订人数、音响设备、付款方式和签单负责人。明确以上餐饮活动细节，目的是使会议组织者和餐饮服务方都能明确每项餐饮活动安排的细节，既保证餐饮活动按餐饮预订单进行筹备和检查，以备出现纠纷时有参考的依据，也保证会议餐饮活动的顺利进行。

会议组织方的餐饮负责人必须在现场明确以下会议餐饮环节：

①提供就餐人数以备餐饮服务方做好用餐准备。

②明确就餐标准和规格，确定菜谱。

③定好就餐形式。

④发放就餐凭证。

⑤就餐时间安排。

⑥重视迎、送宴会安排。

五、安排返离，清理会场

会议结束后，会议接待人员还要做好与会人员的返程工作，具体要做以下工作：

（一）预订返程票

在会议报到登记时应要求预订返程票的与会人员填写返程方式、时间、航班或车次等内容，及时与有关部门联系订票事宜。在会议即将结束时，把预订的返程票交到与会人员手中，并确认无误。做好钱票交割手续，并根据与会人员的返程时间做好返程送行的安排。

（二）会议费用的结算

会议接待人员在安排与会人员返程的同时还要准确及时地结算与会人员的会议费用，开具正式发票等。

（三）合影留念

一般情况下，会议结束后可安排全体与会代表合影留念，在有领导人参加的会议中，与会代表与出席会议的领导人合影留念通常是必不可少的。

（四）告别欢送

与到会迎接一样，与会人员离会时也要热情欢送。具体要求是：安排好车辆将与会人员送至机场或车站；与会领导、特邀嘉宾等身份较高者应当由会议主要领导亲自到机场或车站送行；会议主要领导尽可能安排时间向大家告别。

（五）清理会场

会议结束后，要清理会场，把会场恢复到和使用前一样的状态。在检查会场和房间时，若发现与会人员遗忘的物品和文件要及时通知归还。

第三节 会议活动策划方案

一、会议策划的意义

会议策划，就是围绕会议活动的目标，在全面、深入分析会议信息的基础上，运用科学的策划方法，制订会议活动最佳方案的创造性思维活动的过程。作为会议活动整体策略的运筹规划，会议策划贯穿会议整个流程的始终。

成功的会议离不开成功的会议策划与管理，在统筹各种资源的基础上将会议活动的各个环节恰如其分地联系起来，是会议组织者面临的重要问题。会议策划具有下列意义：

①提供会议决策方案。决策是对未来行动方案的抉择，有好的方案才会有好的决策。会议策划的目的就是在整体筹划的基础上寻求最合理、最经济、最有效的方案，为会议决策提供科学的依据。

②保证会议活动的经济效益。运用科学的方法进行会议策划可减少会议活动的盲目性和不合理性，有效地避免浪费，保证会议活动的效率和效益。

③塑造会议品牌形象。会议策划根据会议市场的需求，在统筹各种资源的基础上进行创新，努力创造自身优势、特色和亮点，提升竞争实力，塑造会议品牌形象。

二、会议策划的基本流程

（一）会议策划的基本流程

从具体的工作流程上来说，会议策划主要包括以下具体项目，即会议目标策划，确定会议主题和议题，选择会议场地，明确会议嘉宾、主讲人、听众，编制会议日程，准备会议资料，进行会议宣传推广，最后还包括制订会议接待计划，即现场管理计划等。

从本质上来说，会议策划是具体回答以下六大要素问题：

会议目标（WHY）——为什么开会。

会议主题和议题（WHAT）——开什么会。

与会人员（WHO）——谁参与会议。

会议时间（WHEN）——什么时候开会。

会议地点（WHERE）——在什么地方开会。

会议形式（HOW）——怎样开会。

1. 会议目标（WHY）——为什么开会

人们举行会议就是为了达到某种目的或完成某个任务，会议目标策划解决了为什么开会这一最基本的问题。会议的目标是会议组织者的期望和会议所要完成的具体任务，因而会议目标制约着会议的议题和议程，决定着会议的类型，引导着会议的结果。

2. 会议主题和议题（WHAT）——开什么会

会议主题和议题策划是会议策划的一项重要内容。会议主题是围绕会议目标确定并贯穿一次会议中各项议题的主线，是会议的灵魂。会议议题则是紧扣主题进行会议讨论或解决具体的问题。成功的主题和议题具有强大的号召力，在吸引社会关注、树立会议形象、实现会议目标、提高会议效率等方面都将起到不可忽视的作用。反之，主题和议题确定不当是导致会议失败最致命的原因之一。

首先，会议议题要有的放矢，紧扣某一领域的热点和难点问题，紧紧把握时代脉搏，不能远离现实。

其次，会议议题数量要适度，避免因议题过多导致会议时间冗长、会议效率下降。

最后，会议议题要分清主次轻重，明确中心议题或主要议题，以保证与会者把主要精力集中于最重要的问题上。

3. 与会人员（WHO）——谁参与会议

与会人员是会议活动的主体，选择合适的目标与会人员是会议成功的基本前提。根据会议的性质和需要达到的效果及客观条件来确定规模，坚持人员必要性原则以及规模适度原则。如互动讨论型的会议，考虑人际互动的复杂程度，此类会议应控制与会人员的数量；非互动讨论型的会议，可根据信息接收的对象范围，将会议规模扩大到所需要的程度。

4.会议时间（WHEN）——什么时候开会

会议时间策划主要解决两个问题：什么时间召开会议；会议时间的长短。《帕金森管理经典》一书中强调的会议注意事项很多都涉及时间的安排：①不要受干扰；②会议不要长于一个半小时，这是大多数人的注意力能够集中的限度；③一定要明确会议的目的。

选择成熟时机举行会议。会议的目的是解决问题，解决问题的时机成熟与否是决定会议能否成功的因素之一。所选时间富有意义，能烘托会议的主题，时机成熟的会议应及时召开。同时会议时间的选择还应符合人的生理和心理规律，劳逸结合，利于推动工作，如周一与周五这两天都紧贴每周例行的假日，与会者可能会受假日活动的影响，不容易集中注意力，因此不适合举行会议；另外上午8：30—10：30，下午3：00—5：00是会议最可能取得高效率的时间段，午饭以后的时间是任何人都容易懈怠的时间段。

（二）制定会议筹备进程时间表

会议策划的内容确定后，接下来的工作就是制定一份详细可行的会议筹备进程时间表，它是会议策划者经过对会议的整个过程进行精心的研究和计划而制定出来的。严格遵守会议进程表是保证会议圆满结束的重要保障。

下面是一般中型会议应该遵守的会议流程计划表：

①预订客房与会议室：会前3周考察（会前15～21天）；会前1周确定（会前7～10天）客房与会议室。

②确定会务组：会前1周（会前4～10天）确定会务组。

确定会务组要注意以下事项：

a.会议必须确定1个总负责人。如有多个，一定要明确分工（且1个为总调度，知晓会议全程安排）。

b.动员一定要充分。会中必须服从统一安排部署，环节被动。

c.会务组人员要提前处理好自己的正常工作，使其日常工作尽量避开会务时间。

③召开会务组动员会：会前4～6天，需要召开会务组动员会，此时应注意以下事项：

a.个人任务分工要明确。

b.讨论并多听取建议。

c.会务组成员每人都有1份包含会务组其他工作人员名单、联系电话等内容的通信录，可随时取得联系。

d.要制定1份每日事务安排表（以时间为序，包括事务、负责人等），发到每个人手中，每天工作一目了然。

④会议参加人员情况的了解：在会前4～15天进行。

⑤确定就餐的酒店：酒店初选（会前4～8天）；酒店确定（会前2～5天）。

⑥录像摄影师的预订：会前2～7天。

⑦会前礼品、资料、记录本、矿泉水与物品准备：会前1～10天。

⑧会前会议日程表和会议须知的准备：会前1～2天。

⑨会议条幅、参会证、指引牌、人名牌、会议接待处、会议通知等准备：会前2～5天。

⑩会场设计与摆设。设计：会前5～7天；摆设：会前1天。

会场布置的注意事项：第一，根据会议议题、会议形式来设计会场。第二，注意是否有大宗物品的陈设与展示，要备有劳务人员电话，也可用搬家公司应急。第三，注意与会嘉宾和领导的座次。

会务组现场设办公室：会前1～2天。

接站：会前1天。

接站的注意事项：第一，根据接站表统一安排，特殊客人特殊对待。第二，会务人员安排：a.在火车站、飞机场、汽车站，由司机开车接站；b.由会务接待组人员接站；c.宾馆发放房卡，工作人员开房间、发房卡；d.接待人员接待、签到、发放礼品资料等；e.宾馆入住引导，由宾馆服务员来做或由接站人员兼任，签到，入房间向导及帮拿行李。

早到客人的安排：提前1天或更多。

摄影录像：会议开始时起。

摄影录像的注意事项：第一，选择会中休息或散会时拍照，这样人员齐整、时间紧凑；第二，提前选好照相地点。

票务：会议结束前1天。

票务方面的注意事项：第一，要在"会议须知"中体现，让参会者及早订票。第二，如果订飞机票，可考虑直接找票务中心的人来负责订票，节省人力和时间，减少失误。

总结报告：会议结束后 3 ~ 7 天。

三、会议策划方案

会议策划方案是会议活动各项策划意图的书面形态，是会务工作机构根据领导者的意图和指示制订的详细周密的书面方案。它是会议筹备工作的依据，是会议筹备工作有序进行的保障。会议策划方案经领导者审核，由会务工作机构具体实施。

会议策划方案主要包括会议概要（会议主题、会议时间、会议地点、人员等）、会议日程及相关事务、会议预算以及其他需要说明的事项。

（一）会议概要

在会议概要部分，要确定会议主题。会议主题应该与会议目标一致，同时具有号召力，能够引起注意和共鸣，比如区域合作会议可以"展望未来"作为主题，公司年会可以"营销整合提升绩效"为主题。又如 TCL 王牌高频电子有限公司召开的中期销售会议，就以"认清形势、转变观念、提高品质、保障效益"为中心议题。为让主题更加生动形象及深入人心，可以通过图形标志来表达主题。

在会议策划方案中还应写明具体的召开时间、召开地点。如果会场有多个，也应一一注明。同时，最好写明所设立的会议组织机构，如主席团、秘书组、宣传组、会务组和保卫组等。还应确定各组的负责人，分别负责落实各项会议工作。

如果对会议所需设备有特殊要求，还应在策划方案中写明品种、规格和具体要求。

（二）会议日程及相关事务

会议日程是会议方案的主体部分。这里要考虑的是与会者的到达和离开时间、每一时段的活动安排、会议主题内容、活动地点等，除正式会议议程外，包括与会者用餐、参观、娱乐和中间休息等，都需要尽可能详尽地考虑和安排。此外，开幕式和闭幕式是需要重点考虑的环节。会议日程经常是一份由时间和事件组成的表格，但是很多会议的重要事项不能在日程表中详细列举，因此，对于会议策划人员来说，一份详尽的包含了会议从策划、实施到评估、反馈每一个环节的相关事务列表是必需的。这实际上是会议组织的一份蓝图，如果能够按图索骥，会议自然能够组织得井井有条，达到预定的目标。

（三）会议预算以及其他需要说明的事项

会议预算要从实际出发，预算会议所需的交通费用、餐宿费、场地租用费、会议资料等一些固定支出，通常遵照"节约、高效"的会议原则操作。

第四节 会议活动实施过程管理

会议有规模大小和时间长短之分，会议类型各种各样，性质也有所差别，但会议工作的内容却基本相似。一般的工作内容和流程分为三个阶段：会前准备阶段、会议实施阶段和会后评估总结阶段。

一、会前准备

会前准备，即对会议事前计划、会议选址、总体策划以及会议预算等所做出的系统安排。

（一）成立会议组委会

为保证一个会议能够圆满成功，需要一个专门的机构或团体来负责会议的组织和服务工作，一般称之为会议组织委员会。

会议组织委员会在大多数情况下是临时机构，但也有常设的或专业的会议公司。这主要取决于会议的举办单位和会议周期。

会议组织委员会的主要任务是负责会议的组织工作和全面服务工作。会议组织工作包括收集会议信息、确立会议目标、制订会议计划、进行会议预算、确定会议模式和会议议程、选择会议地址、安排会议演讲者、进行会议宣传吸引会议的资助者等内容。会议服务包括会议活动安排、会议客房安排、会场布置、会议设备安排、会议接待、会议的入场服务、会议餐饮服务、会议交通服务、会后旅游服务以及会议结账服务等。

会议组委会常设的下属机构有会议秘书机构、会议宣传公关机构、会议保卫机构、会议后勤服务机构。

1. 会议秘书机构

它是会议的办事机构，主要有以下八项工作：

（1）收集会议议题，安排议程。

（2）发放会议通知（邀请函），负责会议报到。

（3）准备会议材料，协助领导或相关人员撰写会议报告及其他文件。

（4）对与会人员进行编组，布置会场，安排座次。

（5）印发会议证件。

（6）负责会议签到。

（7）印发会议文件，负责会后的文件收回和处理。

（8）做好会议记录、会后整理会议案卷。小型会议还要负责宣传报道、后勤保卫等工作。大型会议由"大会秘书处"将工作细化。

2. 会议宣传公关机构

（1）承办新闻发布和宣传报道方面的事宜。

（2）组织、安排、协调记者的采访活动。

（3）负责音像资料的录制、管理工作。

3. 会议保卫机构

（1）承担安全保卫方面的事宜，包括各个会场、代表住地以及代表集体外出活动的安全保卫、警戒工作。

（2）负责会场和代表住地的车辆疏导。

（3）协助会务组搞好证件的查验工作。

有关安全保障、警卫等执勤任务，可申请从公安机关、武警部队抽调人员承担。

4. 会议后勤机构

（1）编制大会预算，负责会议财务管理。

（2）负责大会的食宿、车辆、医疗以及其他生活服务工作。

（3）组织、安排大会的其他活动。

（4）负责代表的迎送工作。

（二）会议场所的选择与落实

会场的选择，直接关系到会议的风格、形式、规模、预算和档次，这也是随后进一步策划方案的基础。选择一个能让会议组织者和与会者都能满意的会议场所非常重要，面对众多的场所，到底怎样去选择呢？

1. 列出可供选择的清单

必须制作一个会议场所清单表，清单表上需注明会议要求的所有重要条件，便于各个场所的比较和选择。也可以参考 SINO-Meeting 公司的会场搜索系统，该系统内的数据将大大提高选择场地的效率。

2. 根据清单综合考虑会议类型与场所的搭配

比如研究和开发会议需要有利于沉思默想、灵感涌现的环境；重大的奖励表彰型会议一定要有档次，要引人入胜；对于交易会和新产品展示会，需要选有展示空间的场所，会场交通必须便利等。

3. 亲临现场实地考察

考察场地非常重要，要做好充分的准备，要约见会议方及场地方都能做决策的负责人，这样有利于解决以后可能出现的问题。要对会议中的重要流程和环节心中有数，在考察场地时，找到的问题越多，今后出现风险的概率就越低。

4. 综合考虑会场因素，最后落实场地

（1）距离和交通情况。

（2）举办会议的历史。

（3）餐饮、住宿。

（4）费用，包括场地使用费、餐饮住宿费、保险等。

（5）安全，包括会议地点工作人员的安全意识如何，每个房间是否有烟感报警器和喷淋装置，酒店是否公开了紧急逃生程序等明显标记，是否配备了保险箱，是否有常驻医生等。

（6）会议地点的服务设施，如汽车租赁服务、娱乐场所、商场购物、附近景点等。

（三）会议策划意向书编写

确定了场地，策划的工作就进入了快车道，通过以下步骤，整个会议策划方案就会很快制订出来。整体策划框架草拟，按照以前的工作和现有的所有信息，先把整个会议的流程和方案想象出来，越具体越好。招开策划动脑会，在这个会议上，需要把专业的会议策划人士找来，比如 SINO-Meeting 公司的策划人员；还要把主要的决策人员找来，在草拟方案的基础上，展开讨论、再讨论修正、再讨论。一般从第一稿的策划书到最后的落实方案，如果策划人员经验丰富，最多 3 次往返讨论，就可以把方案细化到执行层面。是否细化到了执行层面，关键要看是否已经拟出"工作时间进程表""任务分工表""物品清单""成本分析表""营销方案""会议流程"等六个最重要的执行文件。

（四）会议预算

会议与展览的预算不同。做好会议预算是组织方要执行这个活动的前提，通常会议预算包括以下七方面：

1. 交通费用

（1）出发地至会务地的交通费用包括航班、铁路、公路、客轮，以及目的地车站、机场、码头至住宿地的交通费用。

（2）会议期间交通费用主要是会务地交通费用，包括住宿地至会所的交通、会所到餐饮地点的交通、会所到商务交际场地的交通、商务考察交通以及其他与会人员可能使用的预定交通费用。

（3）欢送交通及返程交通包括航班、铁路、公路、客轮及住宿地至机场车站、港口的交通费用。

2. 会议室 / 厅费用

（1）会议场地租金：通常场地的租赁已经包含某些常用设施，比如，激光指示笔、音响系统、桌椅、主席台、白板或者黑板、油性笔、粉笔等，但一些非常规设施并不包括在内，比如，投影设备、临时性的装饰物、展架等，需要加装非主席台发言线路时，也可能需要另外的预算。

（2）会议设施租赁费用：主要是租赁一些特殊设备，如投影仪、笔记本电脑、移动式同声翻译系统、会场展示系统、多媒体系统、摄录设备等，租赁时通常需要支付一定的使用保证金。租赁费用中包括设备的技术支持与维护费用。值得注意的是，在租赁时应对设备的各类功效参数做出具体要求（通常可向专业的会议服务公司咨询，以便获得最适宜的性价比），否则可能影响会议的进行。另外，这些会议设施由于品牌、产地及新旧不同，租赁的价格可能相差很大。

（3）会场布置费用：如果不是特殊要求，通常此部分费用包含在会场租赁费用中。如果有特殊要求，则需要另外支付。

（4）其他支持费用：通常包括广告及印刷、礼仪、秘书服务、运输与仓储、娱乐保健、媒介、公共关系等。这些支持均为临时性质，如果会议主办方分别寻找这些行业支持，其成本费用可能比较高，如果让专业会议服务商代理，将获得价格相对低廉且服务专业的支持。

对于这些单项服务支持，主办方应尽可能细化各项要求，并单独签订服务协议。

3. 住宿费用

值得注意的是，有些住宿费是完全价格，而有些是需要另外加收税金的。对于会议而言，住宿费可能是主要的开支之一。找专业的会展服务商通常能获得较好的折扣。

正常的住宿费除与酒店星级标准、房型等因素有关外，还与客房内开放的服务项目有关，比如客房内的长途通信、洗换、迷你吧酒水、一次性换洗衣物、互联网、水果供应等服务。会议主办方应明确酒店应当关闭或者开放的服务项目及范围。通常会议组织方应该在了解相关费用后，在邀请函上详细注明住宿标准、服务项目、费用承担等。

4. 餐饮费用

会议的餐饮费用可以简单也可以复杂，这取决于会议议程需要及会议目的。

（1）早餐通常是自助餐，当然也可以采取围桌式就餐，费用按人数计算即可（但考虑到会议就餐的特殊性及原材料的预备，预计就餐人数不得与实际就餐人数相差超过15%，否则餐馆有理由拒绝按实际就餐人数结算，而改为按预定人数收取费用）。

（2）中餐及晚餐属于正餐，可以采取按人数预算——自助餐形式，或者按桌预算——围桌式形式。如果主办方希望酒水消费自行采购而非由餐馆提供，餐馆可能会收取一定数量的服务费用。

（3）酒水及服务费：通常在高星级酒店餐厅就餐，餐厅谢绝主办方自行外带酒水，如果允许外带酒水，餐厅通常需要加收服务费。在高星级酒店举办会议宴会，通常在基本消费水准的基础上加收15%左右的服务费。

（4）会场茶歇：此项费用基本上是按人数预算的，预算时可提出不同时段茶歇的食物、饮料组合。承办者告知的茶歇价格通常包含服务人员费用，如果主办方需要非程序服务，可能需要增加额外的预算。通常情况下，茶歇的种类可分为西式与中式两种：西式基本上以咖啡、红茶、西式点心、水果等为主；中式则以开水、绿茶或者花茶、果茶、水果及点心为主。

（5）联谊酒会／舞会：联谊酒会／舞会的预算可能比单独的宴会复杂，宴会只要设定好餐标与规模，预算很容易计算。但酒会／舞会的预算涉及场地与节目支持，其预算可能需要比较长的时间确认。

5. 视听设备

除非在室外进行，否则视听设备的费用通常可以忽略。如果为了公共关系效果而不得不在室外进行，视听设备的预算就比较复杂。

（1）设备本身的租赁费用，通常按天计算。

（2）设备的运输、安装调试及控制技术人员的费用可让会展服务商代理。

（3）音源，即背景音乐及娱乐音乐选择，主办者可自带，也可委托代理。

6. 演员及节目

可以选定节目后按场次计算——预算金额通常与节目表演难度及参与人数正相关。在适宜地点如果有固定的演出，预算就很简单，与观看表演的人数正相关（专场或包场除外）。

7. 杂费

杂费是指会展过程中一些临时性安排产生的费用，包括打印、临时运输及装卸、纪念品、模特与礼仪服务、临时道具、传真及其他通信、快递服务、临时保健、翻译与向导、临时商务用车、汇兑等。杂费的预算很难计划，通常可以在会务费用预算中增列不可预见的费用作为机动费处理。

（五）会议邀请

不管什么样的会议，主办者当然希望适宜的对象（客户）参加。作为主办者，邀请的方式非常重要，通常情况下，邀请包括信息发布、回执处理、确认通知等三个程序：

1. 信息发布

从媒体上分有印刷品（包括邀请信函、组织文件、会议通知）、电子邮件印刷媒介公告、电子媒介公告等三种形式。通常信息发布包括主题、时间、地点（暂定或者候选）、主要议程及安排、费用及标准等，有些还附送会议企划书，可以让参与者了解参加的意义及对会展的期望。

2. 回执

对于主办者来说，回执是对会议企划活动成功与否的判定标志之一。收到回执后，通常需要统计（在这之前，回执单的设计非常重要，应当是合理且圆满的，应当包括如下信息：明确的人数、职务、性别、联系方式、预计到达目的地时间、迎送要求等），确认回执有效（通常以会务费用是否交纳为标志），接下来要做的就是资源分配，主要是酒店住宿的安排，回执确认即确认通知可以在这一切完成后发出。回执可以有多种形式，如传真、信函、电子邮件、网络回执或者电话均可。回执需要注意的是，如果会议允许应该考虑到参与者的特殊要求，譬如家属、随行人员、保健要求、交通代理、饮食习惯、住宿要求等，如果回执清楚，那么对会议的有序安排会起到很大帮助。

3. 确认通知

如果会务费用确认或者有其他方式可以确认，可以发出确认通知。同时发出的应该还有会议的确切地点、时间、议程、签到程序及会议注意事项等。

（六）会场布置

会场布置是一项有明确意图的会务工作，其根本目的在于创设与会议主题、性质相适应的会场气氛，从而有利于实现会议的目标。

（1）根据会议的具体情况，设计并安排会场的布局，细致周到地设计好所有的细节。常见的会场布局形式包括剧场型、中空型、实心型、U字形、课堂型、宴会型。

①礼堂式。基本布局有平排式和复合式。面向房间前方摆放一排排座椅，中间留有较宽的过道。其特点是在留有过道的情况下，最大限度地摆放座椅；观众没有地方放资料，也没有桌子用来记笔记。此方式适用于举办较大型的主题会议或专题会议中的全体会议、专题会议中的大型讲座，与会人员多在300人以上。

②教室式。房间内将桌椅端正摆放或成"V"形摆放，按教室式布置房间可根据桌子的大小而有所不同。其特点是可针对房间面积和观众人数在布置上有一定的灵活性，适合人数较多的主题会议或专题会议中的工作会议讲座、招商会以及推介会。

③方形中空式。其基本布局有四种：中空圆式、正方形、长方形和椭圆形。

桌子摆成方形中空，不留缺口，椅子摆在桌子外围。适合举办主题会议或专题会议中的研讨会、恳谈会，圆桌会议也采用此种形式。

④马蹄形或"U"形。基本布局为 U 字长方式、U 字椭圆式、U 字方叠式、U 字圆叠式。将桌子连接着摆放成长方形，但空出一个短边，椅子摆在桌子外围，也可以内外都摆放。这种排列方式的好处是每个会议出席者都面向主席台，彼此互不遮挡，适宜讲演者使用视听设备进行陈述的会议，如专题公议中的研讨会、招商会和推介会。

⑤宴会型。基本布局为 E 字形、T 字形，主要用于研讨会、恳谈会、招商会、推介会。

（2）根据需要提供会议需要的所有设备，并提前安放在指定位置。

（3）根据需要提前调试好设备，并进行演练，确保会议的顺利进行。

二、实施会议

实施会议方案时，其工作内容包括与会人员登记注册、会议期间现场服务与管理、餐饮安排等。

（一）签到与入住安排

如果是小型商务会议，签到相对简单，仅仅是名录登记。但如果是大型会议，那么签到就是一项复杂的工作。

通常情况下，会议的签到与住宿安排连在一起。大型会议若要做到签到的过程不出现混乱，重要的流程及准备是必需的，如回执统计表、签到表格、引导及协助人员、住宿宾馆准确的房间数量及房间号、房间分配表、钥匙、标明入住者姓名及房号的小信封（内装客房钥匙，通常酒店可以提供）、入住酒店相对明显的路径指示、会议（展览）须知、会议（展览）详细日程、考察线路及参与方式、酒店功能开闭说明及付费标准、返程预订及确认、会务交通使用方式及付费标准等。如果可能，尽量使用计算机签到，签到服务人员应不少于6 人，工作时间应该根据会展参与人员抵达时间合理分配。如果事先将回执的项目设计得很周全，对于签到及入住安排有很大帮助。

（二）餐饮安排

一般而言，展览不统一安排餐饮（特邀嘉宾或者重要客户除外），会议通常统一安排餐饮。餐饮安排通常有两种形式，即自助餐和围桌餐，类别有中式、西式及清真系列。

统一安排餐饮的会议，对于成本的控制非常重要，自助餐一般可以发餐券控制（很多酒店对于自助餐的开设有就餐人数的最低要求），可以事先制定餐标及餐谱，严格区分正式代表与随行人员、家属，有特殊要求者可以和餐厅协商。围桌式餐饮安排比较复杂，特别是大型会议的餐饮。围桌式餐饮安排需要考虑的问题有开餐时间、每桌人数、就餐凭证、同桌者安排、特殊饮食习惯者、酒水种类及付款等。需要提醒的是，会议前期考察时要注意餐厅及用具的卫生情况，不能让就餐者出现健康问题。如果就餐者无法按时集合就餐，可采取哪桌够人数哪桌开席的做法，以保证就餐者的权益。

交际酒会一般需要细心策划。酒会的目的是加强公共关系及客户感情联谊，所以氛围十分重要。交际酒会通常在一个环境相对封闭且有特色的地方举行。涉及的环节有乐队（或者音响、音源）、节目及演员、节目单、酒水、水果、点心、烧烤食品、道具、烧烤用具、司仪、交通工具、天气预报、第二方案电器技师、保安人员、临时舞伴、助兴烟火、厨师、服务人员等。重点在于场地、节目、司仪、安全保障、服务程序。由于酒会的规模及目的不同，没有完整的标准酒会模式，只能借鉴一些已经举办过的酒会实例。

（三）会议现场服务

1. 秘书服务

所谓秘书服务是指向会展主办方提供各类文秘、勤杂、临时采购、临时司乘、向导等服务。这些服务通常是临时或按时提供的，在预算时按类别粗略计算，可以按不可预计费用或按其他类别计算。如果通过代理公司操作，那么告诉代理公司做好随时服务的准备很有必要。代理公司与主办方之间的最后服务费用核算将通过双方指定的联络人互相签单认可，由双方财务或者相关人员核定。

2. 茶歇

茶歇对于一般的大型会议而言可能不需要，但对于中、小型会议，特别是公司或者组织高层会议，会间茶歇是很重要的。茶歇的定义就是为会间休息兼气氛调节而设置的小型简易茶话会，当然提供的饮品不仅限于中国茶，点心也不限于中式点心。

通常茶歇的准备包括点心要求、饮品要求、摆饰要求、服务及茶歇开放时间要求等，一般不同时段可以更换不同的饮品、点心组合。大致上，茶歇的分类是中式与西式。中式的饮品包括矿泉水、开水、绿茶、花茶、红茶、奶茶、果茶、罐装饮料、微量酒精饮料，点心一般是各类糕点、饼干、袋装食品、时令水果、花式果盘等。西式茶歇饮品一般包括各式咖啡、矿泉水、低度酒精饮料、罐装饮料、红茶、果茶、牛奶、果汁等；点心有蛋糕、各类甜品、水果、花式果盘，有的还有中式糕点。

3. 翻译

有的人认为翻译只是传声筒，是一个工具，所以会议翻译的安排就如同其他道具那样很简单，只要"采购"就可以了。翻译是工具不假，但翻译是个特殊的工具，是担负思想传递的具有思维方式的人（有时候还是会谈僵局的润滑剂或缓冲剂）。所以翻译，特别是临时聘请的翻译是值得认真对待的。

很多翻译不是通才（翻译者除本身已经掌握的知识外，可能对其他领域的知识知之甚少），而会议涉及的专业术语往往很多，而且通常是很生僻的单词或者组合词，因此提前沟通十分必要。另外，应当告诉翻译发言者通常的语速，有条件的可以把以往的影像资料交给翻译，让其熟悉一下，并告诉翻译本次会议大致的研讨内容。为了商业秘密不外泄，对翻译应有必要的约束，通常以书面形式约定在限定时间内，接触机密的翻译不得对外界透露，在此期间内雇佣方有权要求翻译保密，并有权要求翻译赔偿由于泄密而带来的损失。

4. 车辆调度

重要国际性会议、行业重要会议、知名公司全球或者大区会议的参与者通常人数较多，身份高贵。如果在主办者所在地，车辆调度可能不成问题，但如果在异地举办，车辆调度就应提起重视。在异地举办会议通常委托当地专业机构代理，车辆调度涉及主办者与代理方的沟通，还涉及会议举办地的车源问题。对于主办方，通常只提出用车要求及安排要求，而代理公司则要考虑时间安排、预定合理的车辆数量、行走时间及线路等。因此主办方应该提前告诉代理方相对准确的与会者抵达时间、人数、此时间段内抵达客人的身份及车辆使用标准，并告诉代理方如果出现与预告情形不符时希望采取的弥补措施及愿意为此承担的责任。

5. 秩序维护

会议或展览都需要良好的秩序。小型会议（特别是企业或政府部门）的会议秩序基本不用控制，但大型会议及展览，秩序的控制就显得很重要。大型会议可以采用代表证或者入场券方式控制，如果需要保密，代表证可以特制，印制有代表的数码身份照片，会场入口设立保安。

6. 会议考察旅游

会议考察或旅游大都是为嘉宾特别安排的、具有公关性质的行为，当然也不排除部分行为是真正的商务考察（为获取行业或者相关行业信息而举行的市场调研性质的活动）。

（1）真正的商务考察：此类商务考察的主办者已经做好安排，需要会展中介公司提供的服务只是目的地住宿、餐饮预订与安排、交通工具、司乘人员及向导，可能还需要中介公司协助解决媒介邀请及影像资料摄制。中介公司的职能大体等同于主办者的前导服务及后勤保障部门。

（2）会议旅游通常安排短线旅行，旅程很少离开会议举办地500千米以上，时间不会超过48小时（大多数在24小时以内）。少数旅程可能超过1000千米，时间可能长达1周，也可能跨国旅行。此时会展中介公司的作用就相当于旅行社，将提供线路咨询、线路包价购买、导游、景点票务、车辆、住宿餐饮安排、旅游保险购买、落实异地返程票务等服务。

7. 健康保障

一般情形下，健康保障不需要列入会议或者展览企划。但对于特殊会议如有高龄的知名学者、身体残疾的专家或者政府官员参加的一些会议，健康保障就应该纳入会议企划内。主要内容包括举办地医疗信息的收集、特色专科分布、急救车辆呼叫及费用支付办法、常用药品少量采购、无障碍通道及洗浴卫生设备的改造等。

8. 礼仪与迎送

对于会议而言，必要的礼仪显得温馨。礼仪工作一般包括模特召集、程序分解、简单培训、服装道具准备、礼仪执行等。注意要重点考察礼仪人员的文化素质及外语技能，而不能简单地看形体决定是否聘请。另外，礼仪人员的个性是否符合工作要求也应当充分注意。各种主题的会议对礼仪人员的要求也不一样：学术性会议、政府性质会议要求模特的着装比较素雅，不能抢了专家及政府要员的光彩；而销售类会展则需要模特为企业及产品锦上添花，尽量着装鲜艳，与企业或产品的品质形象要求一致。

三、会后工作

以上这些细节的操作体现了会议运营管理的高水平。而会后工作做好了，会议才算圆满地结束。一次会议的圆满结束，预示着下次会议将有一个良好的开端。

（一）感谢各方面对会议的帮助和支持

（1）感谢与会者的参会。在会议闭幕时，要集中对与会者表示感谢；在与会者离去后，还应通过特定的方式再次对他们表示感谢，欢迎他们参加以后的会议（系列会议）。

（2）感谢会议嘉宾、主持人、发言人、演讲者参加会议。

（3）感谢政府有关部门的支持。

（4）感谢协办单位、赞助单位的支持。

（5）感谢其他单位或其他个人的支持。

（6）感谢的方式有打电话、发电子邮件、寄信、赠送礼品、纪念品等。

（二）感谢会议工作人员的辛勤工作

会议结束时，应该对会议工作人员进行慰劳和感谢，感谢方式如下：

（1）召开庆功宴会。

（2）发放会议补贴。

会议预算应该有会议补贴这一项，在会议结束时，根据工作量的大小和工作质量的高低以及责任的轻重，给每位工作人员发放一定的现金作为对大家为会议辛劳工作的补贴，使大家的辛劳能够得到精神上的慰藉。

（3）赠送会议礼品。

（三）进行会议工作总结

会议结束后，要对会议的方方面面进行总结，写出会议的总结报告。会议评估结果是会议总结报告的基础，也是会议报告的重要内容。此外还要对会议筹备期的组织、营销宣传、论文征集取录、预先注册、资金筹措、资金管理等工作进行总结；对会议现场注册、现场接待、现场协调、会议专业活动情况、会议附属展览活动（如果有的话）、会议社会活动情况、会议餐饮活动情况等工作进行总结；对会议结束后的收尾工作、财务结算工作等进行总结。

第九章 会展品牌策划与指导实践

第一节 会展品牌概述

21世纪全球已进入品牌竞争时代，品牌成为商业世界的通用语言。在会展业，品牌既是办展机构的一面旗帜，也是会展国际化的一面旗帜。一般的非名牌的专业性会展，其收入主要来源于展位费，参展商的数量决定了会展能否收回成本，而参展商的质量又决定了会展能否吸引到有效的观众，即购买商，有效的购买力是一个会展能否继续存在、能否成为名牌的重要条件。在竞争如此激烈的国内外会展市场，没有品牌的产品或服务很难有长久的生存空间。

一、品牌的定义

品牌起源于英文单词"Brand"，品牌的代表性定义主要有以下四种。

①符号说。市场营销专家菲利普·科特勒博士认为品牌是一个名称、名词、符号或设计，或者是它们的组合，其目的是识别某个销售者或某群销售者的产品或劳务，并使之同竞争对手的产品和劳务区别开来。这也是品牌的一般定义。

②形象说。品牌形象理论的代表者大卫·奥格威对品牌做出这样的定义，"品牌是一种错综复杂的象征，它是品牌的属性、名称、包装、价格、历史、声誉、广告风格的无形组合"。这个定义受到了奥美、萨奇这样的国际性广告公司和罗兰贝格、麦肯锡这样的咨询公司的广泛认同与传播。

③关系说。该定义认为品牌是广大消费者对一个企业及其产品过硬的产品质量、完善的售后服务、良好的产品形象、美好的文化价值、优秀的管理结果等所形成的一种评价和认知，是企业经营和管理者投入巨大的人力、物力甚至几代人长期辛勤耕耘建立起来的与消费者之间的一种信任。这种定义主要是从

消费者的角度考虑，认为品牌的认可最终由消费者决定。

④价值说。这种定义主要是从品牌价值来考虑的，认为品牌资产是一种超越生产、商品及有形资产以外的价值。

综上所述，品牌是一种综合体现产品（或服务）核心价值的符号、标志，它的本质是维系产品（或服务）和消费者之间的关系，实质是产品（或服务）的差异化，对品牌拥有者来说是一种无形的资产。

二、会展品牌的定义

会展业的主要产品是会展项目，如中国进出口商品交易会、世博会等，属于服务产品。会展品牌是指会展项目的无形资产的总和，物化可视的是会展的名称、标识、吉祥物等，抽象感知的是好的联想和亲近感。品牌展览会是指具有一定规模，能代表这个行业内的发展动态，能反映这个行业的发展趋势，能对该行业有指导意义并具有较强影响力的展览会。会展品牌的实质是差异化，是建立在满足会展客商需求，定位清晰、主题明确、形象鲜明、卓有成效的基础上的。

一个品牌会展的打造，需要明确的品牌战略以及相应的实施策略，包括品牌定位、品牌形象树立、品牌经营和品牌文化形成等。树立会展品牌的基础要素主要有以下八方面。

1. 权威协会和行业代表的坚定支持

在国际上政府一般不干预企业办展，会展的成功与否，多取决于整个行业和企业对其的认可。会展企业若能取得权威行业和该行业内主要代表的支持与合作，无疑就增加了该会展的商誉和可信度，使之规模不断扩大，并带来巨大的宣传效果和影响力。

2. 代表行业的发展方向

能代表行业发展方向的会展就会有明确的目标市场和目标客户，就能提供几乎涵盖这个行业的所有信息，会展提供的信息越全面、专业，观众就越积极，参展企业也就越踊跃。

3. 较好的规模效应

品牌会展有明显的成效，能吸引众多参展商、专业观众的参与，同时具备相当的展位规模，一定是本行业中名列前茅的。

4. 提供专业完善的服务

专业的会展服务要求会展企业的整个运作过程迅速高效、服务周到。从市场调研、主题方向、寻求合作、广告宣传、招展手段、观众组织、活动安排、现场气氛营造、展会服务，甚至包括会展企业对外文件、信函的格式化、标准化，都必须具备较高的专业水平和从业员工的严谨处事态度。

5. 配合强势的媒体宣传

新闻媒体的宣传是塑造品牌的一个重要环节。一个好的会展虽在行业本身有一定的知名度，但频繁的新闻报道和适当地"炒作"更能促进会展的宣传，以此形成良好的互动，使会展更具有吸引力。这个得天独厚的条件为其会展的品牌提供了竞争优势和条件。

6. 获得世界知名会展机构的认证

会展认证，对会展观众和展览数据进行认证是当今国际上的通行做法。会展认证包括对参会注册、参会人员行业职位信息等会展出席信息，及参展商信息等信息的认证。会展认证将帮助会展主办方、参展商对会展活动进行更精确的评估，并对不同会展进行更准确的标准化比较。如全球展览业协会（UFI）对申请加入其协会的展览项目和其主办单位有着严格的要求和详细的审查程序。由于有了这套较为权威的资质评估制度，全球展览业协会认可和全球展览业协会使用标记就成了名牌会展的重要标志。截至2015年，中国获得全球展览业协会认证的国际性专业化展览会已达到61个，位居世界第四。

7. 坚持长期的品牌战略

培养一个品牌会展并不容易，必须有长远的眼光、敢于投资、敢于承担风险、精心呵护、耐心培育。会展必须确立长远的品牌发展战略，从短期的价格竞争转向谋取附加值、谋取无形资产的长期竞争，用先进的品牌营销策略与品牌管理技术抢占会展市场的制高点。培育我国会展业的品牌展览会，首要的一点就是要求经营和管理者树立牢固的品牌意识，认识到走品牌化的发展道路才是中国会展业持续健康发展的唯一途径，并从场馆设计、主题的选择、会展的规划、会展的组织与管理等具体方面来实施会展业的品牌化发展。

8. 会展本身质量

展览会可以作为一个产品来考量。展览会的产品化概念对展览会主办单位而言，提供给参展商的实际上是一种服务，服务质量也代表了会展的质量。然而，这种服务不是简单意义上的主办单位对参展商所提供的会展组织服务，更多的是展览会本身所具有的功能性服务。

三、会展品牌的特征

1. 规模性

规模效应是会展品牌的明显特征。在短短几天的展览期间，展览会几乎将整个参展相关行业浓缩于展厅之内。在德国，每年举办的国际贸易展览有130多个，展出面积690万平方米，参展商17万个，参观商逾千万个，仅成立于1947年的汉诺威博览会展出面积就达31万平方米。世博会、汽车展等已被大众熟知，其中很重要的原因就是展览会的规模效应所产生的宣传效果和影响力。

2. 专业性

品牌是用以识别生产者或销售者的产品或服务的。品牌拥有者经过法律程序的认定，享有品牌的专有权，有权要求其他企业或个人不能仿冒和伪造。在现代会展业的发展过程中，以往综合性的博览会已逐渐被代表一个或多个经济部门的专业博览会所取代，会展品牌一般都有明确的目标市场和目标客户。一方面，会展品牌的专业性表现为会展内容的主题化；另一方面会展品牌的专业性还表现为配套服务的专业化。会展品牌不仅要求现场的服务内容全面、运作高效，还要求会展公司从市场营销、会展形式、项目组织到人员安排等整个运作过程都要针对会展的主题来完成。

3. 表象性

品牌是企业的无形资产，不具有独立的实体，不占有空间，但它最原始的目的就是让人们通过一个比较容易记忆的形式来记住某一产品或企业，因此，品牌必须有物质载体，需要通过一系列的物质载体来表现自己，使品牌形式化。品牌的直接载体主要是文字、图案和符号，间接载体主要是产品的质量、服务、知名度、美誉度、市场占有率。没有物质载体，品牌就无法表现出来，更不可能达到品牌的整体传播效果。优秀的品牌在载体方面表现较为突出，而会展品牌更多的是通过间接载体来塑造自身形象。一个会展可以凭借高素质的参展商和观众、高水平的会展服务、国际化的操作团队不断扩大品牌的影响力。

4. 权威性

会展品牌一般都得到了业内权威协会或代表企业的大力支持。如德国于1907年成立的"德国经济展览和博览会委员会"（AUMA），它是由参展商、购买者和博览会组织者三面力量结合而成的联合体，以伙伴身份塑造市场；而法国则由主要的展览公司共同组织了法国国际专业展促进会，它是一个由商会和政府牵头组织的民间团体，任何一家展览公司都可申请加入，但对于同一个专题的展览会只接纳一个会员，而且优先接纳质量最好的。在我国的各个地方也有很多政府主导、民间团体积极参与、众多企业热烈响应的协会组织，他们共同制定行业准则，规范行业秩序。会展品牌的运作大多取决于这些行业协会和业内主要企业的合作，无形中使自身的知名度和可信度得到了增强。

5. 前瞻性

会展品牌的前瞻性主要表现为它始终走在参展行业发展的最前沿，它不仅能够提供几乎涵盖参展行业市场的所有专业信息，而且能代表行业的发展趋势，引导行业的发展方向。这不仅大大提高了观众在会展中获得信息的数量和质量，更扩充了信息的价值含量，使观展者不仅对行业的发展现状，更对行业未来的发展方向有较大程度的把握，由此提高了展览会自身的影响力。例如中国国际高新技术成果交易会（以下简称高交会），是经国务院批准举办的，由多家政府部门、科研单位和深圳市人民政府共同主办的高新技术成果展示与交易的专业展会。每年的11月16日至21日，在深圳举行。高交会作为国家级、国际性的科技成果交易平台，将着力开发和整合中国国内外的技术、产品、信息、资金、人才等各种要素资源，进一步促进科技创新成果向现实生产力转化，促进中外经济技术交流与合作，为建立国家创新体系、建设创新型国家做出积极贡献。

6. 互动性

为了更好地宣传和强化品牌，城市会展品牌非常注重与旅游、文化、媒体等相关行业和部门的合作，以形成良好的互动式发展。如1992年西班牙塞维利亚世界博览会，一开始就注重旅游业的全程参与，采用整体营销的战略，仅针对旅游者就进行了8次市场调研，最终共吸引了108个国家、4200万人次的参展者和旅游者，获得了巨大的成功。再如上海世博会举办前夕，投入了大量广告宣传，聘请了多位中外知名演艺明星作为世博会的形象宣传大使，创作了多首世博歌曲，并且推出了"网上世博会"项目，采用微营销，吸引了超过

7000 万的参观人数，创下了历届世博之最。丰富多样的推广手段增强了与观众之间的良性互动。

四、会展品牌的功能与作用

1. 有助于强化会展的差异化程度

会展给目标市场提供的是差异化利益，创造的是一种差异化竞争优势。差异化程度越高，对参展商和专业观众的吸引性越强，排斥新竞争者的行业壁垒越高，竞争优势和获利能力越强。同时，产品可以被模仿，而品牌却是独一无二的，因此参展商和观众会根据自己的需求、目的、会展价格、方便程度和品牌因素选择适合的会展。

2. 有助于发展与参展商的牢固关系

品牌作为会展的一种无形资产，一方面积累于展览会的质量；另一方面取决于展览会的规模。实力的高低决定了会展品牌在市场中的竞争地位和参展商对会展的信任度。好的口碑会使参展商对办展机构产生长期信任，形成品牌忠诚。

3. 有助于会展享有较高的经济效益和社会效益

品牌是市场。会展想要持续成功地举办，离不开参展商，参展商的展费是会展的经济基础。知名的展览会能增强会展的感召力，进而占有较高的市场份额。参展商在品牌会展不仅会获得大量订单，也会获得心理满足，即使参展费远远高于其他会展也乐于参加，从而形成一种良性循环。在企业外部，品牌可以为其开展网络化经营、特许经营，输出管理扫清障碍、拓宽渠道，代理强大的增值效应。

4. 有助于提高会展的国际竞争力

加入 WTO（世界贸易组织）以后，中国会展市场对外开放程度不断提高，尤其是在 2004 年颁布了《设立外商投资会议展览公司暂行规定》后，德国、法国、英国、日本等国际会展巨头凭借其雄厚的资金实力、丰富的管理经验、强大的经营规模和先进的会展经营理念等优势，通过资本运作、会展移植等方式进入中国会展市场。为中国会展市场，带来了先进的经验、技术和管理理念，为中国会展业注入了新活力，同时也对中国会展业带来了前所未有的冲击。因此，中国会展在国际会展市场竞争中最需要的是品牌。

五、建立会展品牌的途径

建立会展品牌有多种途径，按照自身优势和基础条件，根据市场的变化，选择适合自身品牌的建设方法。

1. 自我培育

选择能代表某一行业先进水平或某一领域发展方向的展览题目，充分体现展览会具有前瞻性、专业性强和涵盖面广的特点，对这种展览会经过数年培育，使之成为品牌展览会。例如，深圳的"高交会"和珠海的"航空展"，虽然举办的历史较短，但是"政府搭台，企业唱戏"的运作方法已使会展的名声大增。再如，"大连国际服装博览会"目前已成为国内举办时间最长、国际化程度最高的服装交易会，在2002年加入国际展览联盟，围绕品牌与时尚两大主题，着力在品牌化、时尚化、国际化等方面进行打造，会展品牌知名度不断提升。

2. 走联合之路

品牌展的一大特征是规模，它要求尽量把同类或相类似的展览会进行整合，实行同一主题或相关主题展会的联合。如北京的"中国国际机床展览会""中国制冷展览会""北京国际印刷技术展览会"等由分散到联合已被国际展览联盟认可，这些展览会无论在国际化、专业化还是品牌化方面都已逐渐成熟。

3. 品牌移植

我国的展览事业发展时间不长，品牌展览并不多。随着我国会展业不断发展，国际知名展览公司进入国内市场是必然趋势，将国际知名的展览会办到国内来，不失为国内会展品牌化的一种方法。如中国国际展览中心的"世界计算机博览会"，就是引入了美国在其行业中影响力和水平最高的展览会，形成一定的品牌效应。

4. 品牌收购

在全球范围内，并购展会项目很多。并购展览会是市场的发展趋势。需要注意的是，并购并不是"大鱼吃小鱼"的资本运作，实际上应是从长远出发，强强联合，即1+1>2，使整个产业链更成熟，解决参展商和观众的需要。例如，2013年，中国首屈一指的展览会主办方励展博览集团成功并购上海世贸商城主办的上海国际礼品、家庭用品展览会；2016 年，云端会议管理公司 Cvent 同意被私募股权公司 Vista Equity Partners 收购，交易价值约 16.5 亿美元。

第二节　会展品牌定位

会展品牌策划的第一步是为会展品牌找准定位，清晰的品牌定位是会展品牌形成的重要基础，多角度、全方位的品牌定位是一个综合性的系统过程。

一、会展品牌定位的定义

会展品牌定位是主办展览会的机构根据内部和外部条件（包括品牌自身特点、外部的环境条件、目标市场需求特点以及市场竞争等因素），运用适当的营销方式来影响目标受众对品牌独特含义的认知，通过建立和发展会展差异化优势，使本会展在参展企业和观众心目中形成一个鲜明而又独特的形象的过程。

会展的品牌定位是一个不断调整和优化的过程。影响品牌定位的因素是不断变化的，随着办展机构的运营发展、目标市场的需求变化、外部竞争的威胁以及会展节事自身技术的改进等，办展机构应该及时调整品牌定位以适应变化。成功的会展品牌定位往往需要反复多次的过程才能实现。

二、会展品牌定位的原则

在会展品牌定位时，通常需要遵循以下原则。

1.顾客导向原则

品牌定位的重心在于对目标受众需求心理的把握。在信息时代，目标受众获取信息的渠道发生了巨大变化。首先，目标受众所接收到的信息是有限的，真正进入大脑的信息更是少之又少。因此，进行品牌定位时如果没有新的记忆点，就会很容易受到目标受众的排斥。其次，目标受众对接收到大脑中的不同概念的信息并不是平等地进行处理，而是先进行梯度排序，然后按顺序处理。所以品牌定位成功的关键是迎合目标受众的需求，使会展输出的信息成为目标受众的关注点。

2. 个性化原则

品牌带给目标受众功能利益和情感利益。参展商和观众对会展的需求既会考虑其实用功能，也会关注它的品牌个性。当品牌表现出的个性和他们的需求价值相吻合时，他们才会选择该会展。个性化原则要求品牌定位具有独创性和"人无我有，人有我优"的特点，即使这种创意和个性本身与会展并不相关，是人为赋予的，但只要得到目标受众的认同，就具有竞争力。

3. 差别化原则

随着微营销等新媒体营销的出现，目标受众每天接收的广告信息多而杂。面对不计其数的信息，目标受众会产生排斥心理，即使接受也会很快被其他信息所取代。因此，成功的品牌定位要通过各种渠道向目标受众传达会展的特定信息，凸显差异性优势。

4. 动态调整原则

市场环境瞬息万变，技术、产品、竞争对手和目标受众也不断变化，品牌定位的动态调整非常重要。该原则要求办展机构抛弃传统以静制动、以不变应万变的静态定位思想，时刻保持思维的敏感性，通过开发新性能、扩大定位点等方式，不断调整品牌定位策略。

三、会展品牌定位的流程

1. 诊断品牌现状

诊断品牌现状可从以下三方面入手。

一是参展商与观众的情况，包括两者对品牌的态度以及顾客对品牌所形成的看法，可以通过设计调查表和量化指标，在展前、展中与展后三个环节，对参展商及观众进行跟踪调查，从中得到他们对品牌定位的看法及品牌价值的认可。二是品牌的内部管理情况，包括会展的管理、组织、人员、制度、文化等是否能支撑相应品牌的定位。三是品牌成长的外部环境分析，包括市场竞争的公平性、法律法规的健全性、国际经济环境的利弊等，为品牌定位奠定基础。通过以上分析，对会展品牌发展的制约因素与有利条件做到心中有数，在品牌的建设中可以有针对性地推进，逐步完善并向外传播。

2. 寻找各种潜在的竞争优势

竞争优势能使本会展比其他同类会展带给参展商和观众更多的价值，它可以来源于办展成本优势或会展功能优势，如更符合趋势的主题选择，更优惠的价格，更具代表性、更权威的参展商，更高质量的专业观众，更人性化的服务，等等。会展可以就某一方面的功能进行打造，也可进行全方位的塑造，但是并不是所有的潜在竞争优势都能转化为现实中的竞争优势。办展成本优势是在同等的条件下，该会展的办展成本要低于其他同类会展，成本优势可以转化为价格优势和其他优势。会展功能优势是会展能提供更符合目标参展商和观众需要的会展功能。

一般来说，会展具有成交、信息、发布和展示四大功能。一个会展可以集中精力打造上述四大功能中的某一个功能，使它成为该会展参与市场竞争的"王牌"，也可以全面塑造上述四大功能，使该会展成为他人难以动摇的"巨无霸"。至于会展品牌究竟具有哪些方面的潜在竞争优势，可以结合会展的定位，采用SWOT分析方法来具体分析。

3. 甄别各种潜在的竞争优势

并不是所有潜在的竞争优势都能转化为现实的竞争优势，因为将不同的潜在竞争优势转化为现实的竞争优势是需要条件和成本的。有些潜在竞争优势可能不具备转化成现实竞争优势的条件，有些可能因为转化的成本太高而不值得转化，还有一些可能不适合会展的定位而必须放弃。所以，并不是所有的潜在优势都有价值，必须对它们有所选择。能够被选择作为品牌形象定位基础的潜在竞争优势必须满足以下四个要求。

①盈利性。该潜在优势具有转化为现实优势的可行性，办展机构将该潜在优势转化为现实优势是有利可图的。

②交流性。这是说会展品牌可以向目标受众传达，使目标受众能够感知得到。如可以赋予品牌更大的想象空间，可代表一种文化，给会展注入更多的文化内涵。通过会展会刊、广告、标识语、相关活动等提升它的品牌影响力。

③差异性。它是其他同题材会展所不具备的，或者即使其他同题材会展具备了，本会展也能以比其更优越的方式提供。如果本会展具备了该优势，其他同题材会展将很难模仿。

④经济性。参展商和观众通过参加本会展来获取该优势带来的利益比通过

其他方式要来得优越，他们也愿意为获取该利益而支付参加本会展的有关费用，并且也支付得起这种费用。

4. 明确潜在竞争优势

经过上述甄别后，有利用价值的潜在优势就不多了，但并不是说所有满足上述条件的潜在优势都包含在会展品牌形象定位之中。会展品牌形象定位到底要传播哪些优势，还要结合会展的定位和参展商与观众对会展的期望来进行最后的选择。以会展的功能优势为例，到底是选择成交、信息、发布和展示四大功能中的哪一个或哪几个，除了要符合上述四个条件外，还要考虑会展的定位，更要考虑参展商与观众参加本会展的主要目的，是成交、获取信息，还是发布产品或者是展示产品和企业形象或者四者都要具备。很多时候，参展商与观众参加会展的目的不是单一的，而是多重的。例如，既希望多成交，又希望能收集更多的行业信息，等等。所以，最后确定的优势不一定就是某一个单一的优势，而是多重优势的综合体。

5. 有效地向经过选择的目标市场传达会展的品牌定位意图

持续与顾客沟通是品牌定位很重要的一项工作。例如，可以花几个月的时间，建立顾客的认知、回忆与了解，之后再开始建立顾客的忠诚度。另外，还要确保公司对外发出的信息是一致的，不会给顾客带来前后不一的感觉。

四、会展品牌定位的策略

会展品牌定位有以下六种方式。

1. 特色定位

特色定位又称市场空缺定位，此种定位是建立在差异化的基础上的，要显示出定位的与众不同。随着经济全球化、产业细分化的趋势日益突出，会展业日益向纵深方向发展，其专业化分工将越来越明显，特色化定位成为建立竞争优势的有效方式，即会展的形式、特色、性能、风格和设计等品质属性都可以作为定位依据。

2. 利益定位

此种定位是致力于满足参展商和观众的某种利益，如更人性化的服务、更具影响力的宣传推广、更优惠的价格、更便利的设施、更多的附加值回报等，用来定位的"利益"可以是一项或多项。

3. 竞争定位

这是指针对现有竞争者的定位，参考同类题材展览会的优劣，进行本展览会的定位。采用此种方式，会展企业需要有足够的实力与勇气进行直接竞争。同时，也可利用与本展览会有直接竞争关系的展览会来拓展自己的影响力。

4. 功能定位

会展的功能一般有成交、信息发布、展示等，如果本展会在这三大功能中的一项或几项很突出，则可采用此种定位方法。

5. 品质价格定位

很多时候，价格是品质好坏的反映，可以根据会展的"性价比"来定位。例如，将会展品牌定位为"高品质高价格"或者"高品质普通价格"。

6. 类别定位

将会展与某类特定的会展节事联系起来，如出口型展览会、国内成交型展览会、地区型展览会等，然后将本会展归入其中的某一类。

在给会展品牌定位时，要尽量避免出现以下问题：

①定位不够。定位不够即对会展所具有的特征、优势及会展所能带给参展商和观众的利益表达不充分，或者是不能全面地概括会展的特征、优势及利益，导致参展商和观众对会展存在一个非常有限的印象，不利于会展的发展。

②定位过于充分。定位过于充分即夸大了会展所具有的特征、优势及会展所能带给参展商与观众的利益，或者会展定位宣传带给参展商与观众的利益是不可行的，不利于会展的持续发展。

③定位模糊。定位模糊即会展定位不能清楚准确地表达会展所具有的特征、优势及会展所能带给参展商和观众的利益，使会展丧失品牌号召力，不利于对会展竞争优势的培养。

④定位疑惑。虽然会展定位准确及表达清晰，但由于会展的展出现场操作等问题，参展商和观众从会展的现场和实际操作过程中难以理解会展的定位宣传，从而对定位产生疑惑，对会展整体产生不信任感。会展定位疑惑，将不利于会展得到目标客户及大众的认可。

⑤定位僵化。定位僵化即会展定位不能紧跟市场形势的变化而变化。市场

形势已经发生变化，而会展的定位还是老样子，落后于形势，不能反映市场的最新需求，不利于会展随市场的发展而发展。

第三节　会展品牌形象设计

对会展品牌形象进行定位后，就可以根据该定位为会展创立一个符合品牌形象定位的会展品牌。所谓为会展创立一个品牌，就是指在会展进入实际筹备工作之际，为会展理顺和统一经营理念、树立一面旗帜，使会展与其他同类会展有所区别，以便给目标参展商和观众带来会展的更好价值，并以此获取竞争优势。

一、会展品牌形象的定义

会展品牌形象是指目标参展商和观众如何看待会展品牌。它是目标参展商和观众所得到与理解的有关会展品牌的全部信息的总和。

会展品牌形象定位决定了会展品牌形象设计的基本方向，会展品牌形象设计不能脱离会展品牌形象定位而存在。

二、会展品牌形象设计的原则

会展品牌形象设计是对展览理念和形象的总体策划与设计，是会展企业进行会展策划不可缺少的组成部分。会展企业必须把握以下原则。

1.全方位推进原则

会展企业进行会展品牌形象设计，是涉及企业方方面面的。因此会展品牌形象设计必须从会展的内外环境、内容结构、组织实施、传播媒介等方面综合考虑。在具体设计时要做到以下三点。

①适应企业内外部环境。成功的会展品牌形象设计，从会展理念、行为到视觉设计，都能够充分体现时代潮流。

②符合会展发展战略。会展品牌形象从设计到实施的所有内容必须符合会展发展战略的需要，体现其要求。

③具体措施合理搭配。会展品牌形象设计是为了实施，实施的时机如何把握、具体安排是否周到细致、人物财力安排是否合理等都是会展品牌形象设计必须认真考虑的内容。

2. 与民族文化相结合原则

会展品牌形象设计越具有民族特色，就越能为公众所接受，从而越有生命力。同时，会展品牌形象设计越具有民族色彩，就越容易找到自己的位置，以自己的民族特色走向世界。

3. 实事求是原则

会展品牌形象设计的实事求是原则从以下四方面来体现。

①敢于正视会展的劣势与不足，只有认真对待、分析原因、找出对策，才能使会展品牌形象设计更具有针对性。

②立足于会展的现实基础。会展品牌形象设计只有立足于现实基础，在对现实进行充分了解的基础上进行设计，才能顺利实施，取得成功。

③从员工实际出发。会展品牌形象设计首先要考虑人的因素，特别是从员工实际出发，只有被员工所理解的会展品牌形象才具有实施的可能。

④对外展示会展实情。把真实的会展品牌形象展示在公众面前，表明改进的诚意，拿出解决问题的措施，才能树立起一个真实可靠的会展品牌形象。

4. 标准化原则

标准化是会展品牌形象设计应遵循的技术性原则。在实际操作过程中，应满足以下原则。

①简洁明了。会展标志越简洁明了，所包含的信息量越大，传播的效果越好。

②统一。体现会展标志的多种形式应统一到一个层面上或限制在一定范围内，从而增强会展的凝聚力。

③通用。会展的标志可以在各种场合互换使用。

5. 求异创新原则

会展品牌形象设计的求异创新原则，要求塑造独特和个性鲜明的会展形象。主要体现在要有独特的展览理念、要有创新、视觉要素与众不同、实施手段新颖别致四方面。

三、会展品牌形象设计的程序

会展品牌形象设计的程序通常会因会展类型不同而有所区别，但具体程序大致相同，主要包括以下五个步骤。

①设计前的准备。其包括设立会展品牌形象设计筹备委员会，研究会展品牌形象设计计划，了解会展品牌形象设计的实施意义和目的，决定会展品牌形象设计的范围。

②分析会展现状。其包括内外部环境分析。内部环境分析是指对员工意识进行调查，和最高负责人沟通，找出会展目前存在的问题，以便会展品牌形象设计问题明朗化；外部环境分析是指对会展所处社会背景和企业环境的分析。

③确立会展理念。推行会展品牌形象设计时，要重新审视会展理念，赋予其时代内涵，以便塑造会展新形象，指导会展的发展。

④调整会展结构。调整会展结构即在会展品牌形象设计专业公司、外部专业人员或本企业专业人员的协助下，重新设定会展管理的组织结构、体制以及传达系统，形成新的会展管理体制。

⑤制作品牌形象设计手册。品牌形象设计手册包括会展品牌形象导入介绍、基本要素（标志、标准字等）、基本要素组合、应用要素、标志、标准字印刷的样本与标准色。

第四节　会展品牌识别系统规划

无论是会展的品牌定位，还是会展的品牌形象，只有传播给会展的目标参展商和观众并对他们产生积极的影响，对会展才有促进作用。规划好会展的品牌识别系统，对会展品牌形象的传播有巨大作用。

一、会展品牌识别的来源

会展品牌识别是那些能使会展的目标参展商和观众认知展会的理念、行动及符号。它标志着办展机构希望会展的目标参展商和观众如何认知会展与对会展产生怎样的联想。会展的品牌识别是在结合展会市场定位、营销策略、品牌定位和品牌形象的基础上，经过系统化后提出的促进会展形象传播的整体策略。

会展的品牌识别主要来源于会展本身以及与会展密切相关的其他四方面。

①会展。会展本身是会展品牌识别的主要来源，会展的定位、会展的规模、会展的参展商和观众来源与构成、会展的类别、会展的特征、会展的品质以及会展的核心价值等，都可以作为会展品牌识别的重要因素。在设计会展的品牌识别系统时，可以根据实际情况，对上述各因素进行取舍，并确立上述各因素在会展品牌识别系统中的地位。

②象征。与会展密切相关的一些能给参展商和观众带来丰富联想的象征也是会展品牌识别系统的重要来源，如会展的品牌名称、LOGO、标识语和色彩，以及设计者期望它们能给参展商和观众带来的某些暗示与联想等。这些富有象征意义的东西，对于参展商和观众认知会展来说更直观、更有趣、更富有感染力与亲和力。

③办展机构。会展的主办单位、承办单位、协办单位和支持单位等办展机构，以及它们的声誉、对客户的态度、创新能力、价值观念和文化理念等，都可以成为会展品牌识别的组成要素。与此相关的会展的地理特性以及历史渊源也能成为会展品牌识别的要素。

④营销。会展的营销，如营销手段、营销策略、营销地域范围等也是会展品牌识别的重要来源，在实际操作中，放置于会展现场的显眼位置，使之成为本会展品牌识别的重要组成部分。

二、会展品牌识别系统的要素

会展品牌识别系统包括四大要素。

1.品牌理念识别系统

品牌理念识别系统是品牌最核心的内容，是会展的灵魂与宗旨，是整个会展得以生存的原动力。所谓会展办展理念，就是指包括会展定位、会展品牌形象定位、办展方式、会展价值、顾客利益、会展规范、会展发展策略等在内的有关会展办展的指导方法，对会展本身的发展也有极大的影响。

会展的理念识别系统策划主要是确定会展办展理念的基本原则，它不同于会展定位、会展规范等具体执行方案，它具有原则性。因此，会展的理念识别系统常常被总结为一段或几段精辟的文字。

会展的理念识别系统策划关系到会展发展和会展品牌形象的活动。会展的理念识别系统策划的有关理念需要得到办展机构高层管理者的认同。一旦会展理念识别系统策划完成，办展机构也须从物质和观念上保障会展理念识别系统策划的贯彻执行。

2. 品牌视觉识别系统

品牌视觉识别系统主要分为基础系统和应用系统两部分。其中基础系统又包括会展现场布置、会展标准字、会展标准色、会展标准信封和信笺、会展Logo、会展吉祥物、会展广告设计等；应用系统则包括会展办公用品应用、包装用品应用、交通工具应用、指示应用、销售应用、促销用品应用、产品上的标志应用、服饰应用等。

会展的视觉识别系统策划通过鲜明的视觉冲击力和形象感染力，强化品牌的记忆点。因此，它在设计上特别强调设计的目标性、视辨性、美观性和合法性。目标性是指会展的视觉识别系统不能脱离会展的定位和会展的品牌形象定位，要以准确地传播会展品牌形象为目标；视辨性是指会展的视觉识别系统要能被大众所理解，要符合办展当地的风俗习惯，不犯禁忌；美观性是指会展的视觉识别系统不仅在工程上要具有可行性和经济性，还要美观、简洁、大方；合法性是指会展的视觉识别系统的有关符号、图案要符合办展当地的法律，不能违反有关法律规定。

3. 品牌行为识别系统

品牌行为识别系统是会展办展行为的对外展示，主要包括会展服务活动、会展营销、会展礼仪、会展工作人员行为、会展现场相关活动等。

会展的行为识别系统策划是一些对会展行为富有指导意义的规则、目标和策略，并不是会展营销、会展相关活动等的具体执行方案。

会展的行为识别系统策划是对会展的理念识别系统策划的具体执行，是将会展理念识别系统策划的部分内容有形化而使该内容对会展的目标参展商和观众可视。会展行为识别系统策划作为理念识别系统的外化，必须秉承理念识别系统的统一性和个性化特征，必须与理念识别系统的口径统一、步调一致。

4.品牌听觉识别系统

品牌听觉识别系统是通过声音以及以声音为主要传播手段的媒介来展示会展的一种方式。它主要包括会展的品牌名称、标识语、广告用语、会展标识音乐，以传播会展的品牌形象。

在会展的品牌识别策划中加入听觉识别系统策划的内容，对于会展的目标参展商和观众有很大的作用。会展的听觉识别系统对于强化人们对会展的印象有重要作用。

三、会展品牌的规划过程

会展品牌的规划可以分为三个阶段。

1.品牌初建阶段

这主要是运用组织系统对品牌识别要素加以实体性的视觉化表现的过程。主要包括：

①品牌名称的建立。一个好的品牌名称是至关重要的，因为品牌的名称其实就是整个品牌营销大战的序幕。序幕越精彩，越能吸引人，就越能为以后的品牌整合传播提供更为坚实、广阔的发展空间。

②视觉识别系统的建立。视觉识别系统主要分为基础系统和应用系统。其中基础系统又包括标准字、标准色、标准图案等；应用系统则包括办公用品应用、包装用品应用、交通工具应用、指示应用、销售应用、促销用品应用、产品上的标志应用、服饰应用等。视觉识别系统通过鲜明的视觉冲击力和形象感染力，强化品牌的记忆点。

③确定会展产品品牌标识语。品牌的标识语是与品牌的整体推广密切相关的，必须从视觉识别中独立出来，并充分重视。优秀的品牌标识不但能够有效地传达品牌识别及其有关信息，还能突破法律等种种限制，引发丰富的品牌联想，更可以指引"广告语"的方向，产生独特鲜明的"概念营销效应"，达到意想不到的传播效果，有利于品牌形象的传播。

2.品牌推广阶段

会展产品品牌推广阶段主要包括以下过程。

①推广会展产品品牌识别。这主要是运用媒介系统对品牌进行整合营销传

播，在实践中建立品牌的四个识别要素：会展产品品牌核心价值、品牌定位、品牌理念和品牌个性。

②推广品牌形象。这主要是通过丰富多彩的媒介形式和营销组合、视觉表现系统、组织展览展示活动，真正把品牌形象传达给消费者。

③累积品牌资产。这主要包括品牌知名度、品牌认知度、品牌美誉度、品牌联想度、品牌忠诚度，以及其他专属资产。

3.品牌建立阶段

品牌建立阶段主要包括以下四方面的内容。

①品牌的有效延伸决策。这主要是指评估各阶段的营销状况，判断是否有必要引入颇具竞争力的新商品，以加强品牌的活性化，满足消费者的最新需求。

②品牌资产长远的科学规划及管理。这主要是指对累积的各种品牌资产所开展的长远规划和管理。

③品牌的改善和创新。这主要是根据市场环境和竞争对手的变化，进行品牌的产品、技术、传播、通路、组织、管理等方面的检讨和创新决策。

④品牌的长期传播规划及管理。这主要是指未来五年的广告投放策略、促销组合方案、整合传播方案等。

第五节　会展品牌经营

一、形成品牌产权

会展品牌经营就是用品牌的观念来经营会展，将会展培育成品牌，并通过会展品牌来加强会展与参展商和观众关系的一种会展经营策略。会展品牌经营的主要目的就是通过对展览会进行品牌化经营来提高展览会的影响力和市场占有率，并努力使本会展在该题材的市场上形成一种相对的垄断，也就是形成一种"品牌展权"。

会展品牌经营最常见的途径就是根据市场竞争的主要态势，选择某一题材的展览市场，然后通过努力经营这一市场使本会展在这个题材的展览市场上占据主导地位，并对该市场形成垄断。在我国，随着会展经济的发展，会展市场的垄断也随之开始出现。

品牌产权在会展无形资产的构成中占据着越来越重要的地位。一般来说，一个会展一旦在市场上形成了一种品牌产权，该会展就拥有品牌知名度、品牌认知度、品牌忠诚度、品牌联想度四大核心资产，这些资产是会展开展市场竞争最有力的武器。

二、积累品牌资产

品牌产权有四大核心资产：品牌知名、品质认知、品牌忠诚、品牌联想。通过积累这些资产，品牌会展获得其目标参展商和观众的认同，并最终实现品牌会展的持续经营。

①提升品牌知名度。所谓品牌知名度，即指会展项目的参展商和观众知道或者想起某一品牌并进而知道或者想起某一项目的能力。品牌知名度分为四个层次：无知名度、提示知名度、未提示知名度、第一提及知名度。逐步提升会展项目品牌知名度，就是要使项目品牌逐步从无知名度走向第一提及知名度。

②扩大品质认知度。所谓品质认知度，即指项目的目标参展商和观众对项目的整体品质或优越性的感知。品质认知度能使参展商和观众对项目做出是好还是坏的判断，对项目的档次做出评价。扩大品质认知度，有助于会展项目的销售、招展和招商工作；可以扩大会展项目的性价比、竞争优势，促进品牌会展的进一步发展。

③创造积极品牌联想。所谓品牌联想，即指项目的参展商和观众能记忆与该会展品牌相关的事情，包括由该品牌引起的项目类别、项目品质、项目服务、项目价值和顾客利益等。主办方要努力营造积极的品牌联想，强化会展项目的差异化竞争优势，提高目标参展商和观众参展的兴趣与热情。

④提升品牌忠诚度。所谓品牌忠诚度，即指目标参展商和观众对项目品牌的感情度量，它揭示了目标参展商和观众从一个品牌转向另一个品牌的可能程度。目标参展商和观众对一个项目品牌的忠诚度越高，他们就越倾向于参加该会展。品牌忠诚度是会展项目品牌最为核心的资产，也是在进行项目品牌策划时所努力追求的核心目标之一。拥有最多品牌忠诚度的参展商和观众的会展项目，必将成为该行业中最为著名和最具影响力的品牌会展项目。

三、会展品牌经营应遵循的基本原则

会展品牌经营要以市场营销的观念来经营展览会，用关系营销和合作营销的策略来经营展览会与目标参展商和观众的关系，通过在一个选定的目标市场上经营某个展览会，最终形成垄断。为此，在经营品牌时，要注意把握好以下五个原则。

1. 市场导向原则

从会展目标参展商和观众的需求出发，通过会展品牌经营来促成目标参展商和观众对会展的认同，促使双方建立一种共赢共荣的关系。

2. 目标性原则

通过会展品牌经营来使会展在业界知名，赢得目标参展商和观众对会展的品牌认知，提高他们对品牌的忠诚度，最终在市场上形成品牌产权。会展品牌经营要围绕上述目标进行。

3. 系统性原则

会展品牌建设本身是一个有层次的系统工程，会展品牌经营要有全局视角、多层次的协调、多角度的长远规划。

4. 针对性原则

会展品牌经营的对象是目标参展商和观众、会展的服务商以及办展机构自己的员工，有较强针对性。

5. 诚信原则

许多著名会展最终走向没落的一个共同原因，是这些会展都没有实现自己最初对市场所做出的"承诺"。一旦发现自己被某会展欺骗，目标参展商和观众就会毫不犹豫地抛弃该会展，该会展在市场上也就没有了立足之地。

四、会展品牌化的途径

1. 制定品牌战略

培育品牌会展，首要的一点就是要经营者与管理者树立牢固的品牌观念，认识到品牌现代化的发展才是中国会展业持续健康发展的唯一途径，并从场馆的设计、主题的选择、会展的规划、会展的组织与管理等具体方面来实施会展业的品牌化发展。

2. 提升品牌质量

提升品牌质量主要从会展的硬件和软件两方面入手。会展的硬件设施是影响品牌质量的一个重要因素，国际上著名的品牌展览会中所使用的设备也往往是最先进的。因此，要实现会展品牌质的飞跃则要求会展公司加大投入，更新会展的硬件设备。会展的软件服务方面，会展企业要加大专业人才的引进力度，积极加入国际性的会展组织，通过这些途径实现会展服务与国际接轨。总之要运用先进的技术和管理理念，加强会展人才的培养。

3. 拓展品牌空间

会展品牌的拓展空间具有三维性，即时间、空间和价值。时间是指品牌的影响力随着时间的延续而不断发散和扩张。一般来说会展延续时间越长则参展商与参观商之间的交流就越充分，会展的效果就越显著。国外的会展延续时间有十来天，而我国的会展往往只有三五天时间，这对于会展品牌的宣传来说是远远不够的。空间是指品牌在地域上的扩张。德国汉诺威展览公司就通过在上海举办的汉诺威办公自动化展，成功地迈出了世界性扩张的第一步。品牌价值是指品牌作为会展企业的无形资产，其经济价值的含量是可以增加的，品牌价值的提升实际上也是为会展业品牌在时间上和空间上的拓展创造条件。

4. 打造网络品牌

如今，网络已日益成为人们生活中的第二空间，我国会展业应该充分利用网络的信息资源优势，在现实世界之外打造出知名的中国会展网络品牌。网络品牌的建立主要从企业网络形象塑造、网络会展的建设以及开展网络营销等方面进行。借助网络优势开发出形象生动、交互性能良好、功能强大的网络会展平台。

网络品牌的缔造同样离不开对品牌的宣传和推广。在网络世界，品牌的推广可以通过多种渠道实现。例如，将网络资源登录到国内外知名的搜索引擎上，便于人们建立相关的链接，对于专业性比较强的行业来说，该方式可能是较为有效的；与网民展开互动型的公关活动，同样可以达到网络品牌推广的目的。

五、品牌延伸扩张

品牌延伸是指企业将某一知名品牌或某一具有市场影响力的成功品牌扩展到与成名产品或原产品不相同的产品上，以凭借现有成功品牌推出新产品的过程。品牌延伸对企业有诸多优势：可以加快新产品的定位，保证企业新产品投资决策迅速、准确；有助于减少新产品的市场风险；有益于降低新产品的市场导入费用；有助于强化品牌效应，增加品牌这一无形资产的经济价值；品牌延伸能够增强核心品牌的形象，能够提高整体品牌组合的投资效益，即整体的营销投资达到理想经济规模时，核心品牌的主力品牌因此而获益。

1. 会展品牌延伸概念

会展品牌延伸是指办展企业将某一展览会的知名品牌或某一具有市场影响力的成功品牌扩展到与原来题材近似或相同的题材但定位不同的展览会上，以凭借现有成功品牌推出新的展览会项目的过程。品牌延伸策略有助于促进会展的主题定位，减少会展的市场风险，强化品牌效应，增加品牌无形资产。

2. 会展品牌延伸的策略

（1）产品线品牌策略

产品线品牌策略是一种局部单一品牌策略。产品线品牌策略是同一条产品线上的许多产品项目共同使用一个品牌。题材中密切相关的一些会展以相同或相似的市场定位，采取相同或相似的营销策略，服务于一些有密切联系的目标市场，用来维持会展品牌的形象，减少推广费用。产品线品牌策略有利于集中营销资源，取得品牌规模效益，可降低新会展的举办风险和节约促销费用。

（2）分类品牌策略

分类品牌策略就是给一些处于相同水平和层次的会展以同一品牌，使所有的会展都使用不同类别的家族品牌。分类品牌战略可使所有会展集中在一个单独的品牌下，从而避免了传播的随机分散，使品牌知名度能为所有会展所共享，有利于统一和规范会展的营销模式。

（3）伞状品牌策略

伞状品牌策略就是不同题材的会展冠上同一品牌，是一种统一类别的家族品牌策略。伞状品牌策略适用于那些与原会展有较高关联度的新会展，有利于集中办展机构的资源来培育会展品牌，消除参展商和观众对新会展的不信任感。

（4）双重品牌策略

双重品牌策略就是将所有会展集中置于同一个母品牌下，再给每一个会展一个子品牌，形成每一个会展都同时拥有两个品牌的双重品牌结构。通过子品牌占领细分市场，利用子品牌的贡献来强化母品牌的价值，子品牌和母品牌共同作用、相互促进，共同稳定和占领某一个细分市场。

（5）担保品牌策略

担保品牌策略与双重品牌策略原理相似，只不过在担保策略下，在市场上起主要作用的是子品牌，母品牌只是对所有子品牌起担保作用。

第十章 会展评估与跟踪服务

会展项目运作过程中极为重要但又容易被忽视的两项工作是会展评估与跟踪服务。展会结束并不意味着工作结束了。做好会展项目评估，是为了让主办方和主要受众对展会有更深刻的认识，以便做好展会未来发展规划。展后客服跟踪，有助于稳固展会主办方与参展商和专业观众的沟通联络，更新完善客户信息数据库，积累潜在客户资源。展会的评估根据调查的目的、设置的指标体系或问卷的不同而不同，有的简单，有的复杂。评估可以是组展方的自我评估，也可以是第三方评估，根据 UFI 的指标体系进行的评估就是第三方评估。调查的方法在本书第二章已经做了详细阐述。

第一节 会展评估

会展项目评估，从广义上讲，是指运用科学合理的技术手段，对项目各要素进行分析、评价与总结。在会展项目举办之前对其可能取得的综合效益进行分析，判断项目是否可行，找出仍需改进的地方，并及时做出更正。在项目举办之后，对一个展会的目的、执行过程、质量、服务、直接和间接的经济效益与社会效益、作用和影响进行系统的、客观的分析和评价，以判断该展览项目是否成功，从而获得经验以便今后做出更为科学的决策。

从狭义上讲，是在会展项目举办之后运用科学的技术与手段，对其执行过程及最后所取得的综合效益进行整体分析和评价并判断其成功与否，总结经验教训，为项目主办方提供借鉴，同时也为参展商及观众提供一定的信息参考。

在会展项目管理的实践操作中，会展人往往更倾向于狭义定义，即特指在会展项目结束之后对其进行的综合评价，而这也是会展整体运作管理中的一个重要环节。

一、会展项目评估的意义

会展项目的效益如何，存在哪些需要解决的问题，今后是否仍有必要继续举行等，可以230通过评估进而给出较合理的判断，从而为项目主办方和承办方、参展商和观众是否决定继续参与其中提供参考。

（一）对会展项目主办单位的意义

对会展项目主办单位而言，评估工作是根据诸如参展商的数量和质量、观众数量和质量、项目利润、展会举办的宏观大环境、展会所处的发展阶段等系列数据，深刻分析、评价当前的会展市场环境和走向，为今后该项目的市场开发、运营管理提出相应的建议。

（二）对会展行业管理机构的意义

对会展行业管理机构而言，会展行业主管部门可以根据相关会展评估的标准、结论来制定会展行业发展的行业规章和制度，并对一些评估良好的项目进行重点扶持，帮助它们做强做大，以形成品牌优势，相反，对一些评估差、缺乏市场前景甚至重复举办的展会，予以严格控制，以达到规范会展市场秩序和行业竞争的目的。

（三）对参展商和专业观众的意义

对参展商和专业观众而言，会展项目评估是对展会真实信息的补充，弥补了他们在前期接收的虚假宣传或不对称信息的缺憾。

二、会展项目评估的原则

会展项目评估的结果无论是对主展方还是参展商抑或是展会观众都具有十分重要的意义，因此，在评估过程中必须坚持以下原则，保证结果的真实、准确和公正，为各利益相关者提供有价值的决策依据。

（一）客观性

会展项目评估的基本目的是给相关部门或机构提供可靠的参考依据，客观性原则是该项工作的首要原则。客观性原则包括真实性和公正性两方面的意义。真实性要求项目评估结果应该与展会的实际情况一致，评估所参考的各项数据来源必须真实可靠。公正性是指项目评估应当做到不偏不倚，以客观事实为依据，不受评估人员主观意志左右。

（二）科学性

会展项目评估的科学性原则是指项目评估要建立在相应的理论基础之上，评估过程中必须选取合适的评估指标、构建完整的评估体系，并运用一定的科学分析方法使其结果能够准确地反映会展项目本质特征和质量水平。特别需要强调的是，评估体系的构建需注意各项指标的可操作性，即能够通过与指标的对比度量出对象与对象之间的量化差异，以此为依据汇总得到最终的评估结果。

（三）规范性

规范性原则是指评价指标的选择和确定应遵循使用国内外公认、常见的指标及计算方法或单位的原则，避免使用不常见、难以统计的指标，使指标标准化、规范化，易于在实际中找到适当的代表值，并使数据资料易得、计算方法简单。

（四）全面性

会展是涉及政府、行业协会和行业相关企业的复杂系统，因此，评估体系既要能反映个体会展企业的管理水平和经营能力，又要能反映整个会展行业的盈利水平、发展能力和可持续发展的潜力，及其对整个社会进步的贡献水平。

（五）针对性

对于不同的会展项目，其举办目的不尽相同，所承担的使命也有所差异，所以，在进行项目评估时要建立相应的针对性指标，突出各自的重点。如公益性展览的评估重点应放在观众数量、展示效果、社会反响等方面，而商业性展览项目评估则侧重参展商数量、观众数量、达成的交易总额或签订协议金额、门票收入、广告收入等。

（六）动态性

每一届展会举办的宏观大环境是不断变化的，展会所处的发展阶段也是不一致的，因此，在评价指标的选择上要充分考虑项目环境动态变化的特点，较好地描述、刻画与量度未来的发展。

三、会展项目评估的内容

会展项目评估，主要是对本届展会的举办目标、实施过程、效益、影响、商誉、发展可持续性等内容进行评估、分析与总结。

（一）会展项目的目标评估分析

会展项目的策划与组织都其来有自，项目的目标评估分析是指评估项目实施后是否与原定目标相吻合，评判完成指标的实际情况和差距，并分析和查找原因，同时，对原定目标的正确性、合理性和科学性进行分析，以期对项目发展产生促进作用。

（二）会展项目的实施过程评估分析

会展项目的实施过程评估分析是对展会执行过程中各方落实的组织、运营、管理、服务的质量和水平进行评估分析，如会展项目的组织运作、宣传推广、招展招商、对参展商的服务承诺、项目实施的风险预案、交通餐饮绿化等配套服务设施、展品物流与仓储、知识产权保护等。

（三）会展项目的实施效益评估分析

会展项目的实施效益评估分析是指以会展项目实施后实际取得的经济效益、社会效益等为基础，测算会展项目所产生的各项经济数据，并与前期预测指标相对比，分析并评估存在的偏差及产生偏差的原因。分析的主要指标是资金收益率、成本核算、净现值等反映展会盈利水平的指标。

（四）会展项目的影响评估分析

会展项目的影响评估分析关注的是会展项目实施后产生的影响，包括经济影响、社会影响和环境影响。

经济影响评估主要分析评估会展项目对所在区域、相关行业以及所属行业产生的经济影响。社会影响评估主要对因会展项目引发产生的社区和个人生活品质影响进行评价，涵盖文化影响、城市建设、体制机制等。环境影响评估则是分析项目对环境保护、生态平衡以及能源再生的影响与促进。

（五）会展项目的商誉评估分析

会展商誉是指某个会展项目由于各种有利条件或历史积累而建立的良好的市场声誉和公众声誉，或由于组织得当、服务周到等原因而形成无形价值使其在同类会展中处于较为优越的地位，从而具有获得超额收益的能力。随着市场竞争的日益加剧，商誉意味着无限商机和丰富的市场回报。商誉评估是对项目价值内涵的评估，可以保护和提高项目竞争力。

（六）会展项目的可持续发展评估

国际展览联盟（UFD）对展会的认证是要求该项目必须已办三届以上，以示优质的会展项目必须要有可持续发展的能力。一方面是资金投入所带来的持续效益，另一方面是会展项目的社会、参展商和公众的认可度，评估项目的客户忠诚度。

四、会展项目评估的方法

（一）组展方的自我评估

1.数据收集与统计

数据收集是会展项目评估的一个重要环节，必须尽最大努力确保数据的完整、准确，才能得到客观、公正的评估结果。在数据收集中经常用到的方法主要有以下三种：

（1）直接收集

在会展评估体系中有很多量化的指标数据都较容易获得，如项目的举办次数、场馆面积的大小、参展商的数量等数据可以在展会正式开始之前获得；组展方、参展商和会展服务商的收益可以在展会结束之后从相关机构处获得；至于观众数量，如果出售门票，观众数量即为出售门票的数字，如果不出售门票，则可根据经验估算。

（2）问卷调查

在会展项目评估过程中，有些指标数据是没法直接获得的，如专业观众数量，需要使用抽样问卷调查进行估算；而对于参展商、观众满意度的调查以及其他一些需要做出主观判断的数据的获得，通常也需采用问卷或者个别访问的方式。

问卷的设计要简洁明了，每一个问题都应该有明确的目的且确有必要，并且在使用之前必须经过测试，不浪费调查者和被调查者的时间和精力。

问卷可分为开放式和封闭式两种类型。开放式问卷要求被调查者写出答案，一般需要较多时间，有些被调查者可能不愿意或者表达上有困难，因此除非确有必要，应尽量少采用此类问卷。封闭式问卷通常已经将选项设定，被调查者可以从选项中选择一个最为贴切的答案，如"是""否""很好""好""一般""差""很差"等。目前，比较多的情况是将两种类型的问卷结合在一起使用，并以封闭式为主。

（3）重点访谈

重点访谈，是指与被调查者进行语言沟通从而获得信息的方法，可以是面对面的交流，也可以通过电话、网络聊天等形式展开，适用于对一些需要作出主观判断的问题的调查。但此种方式需要经验丰富的调查人员，并且耗费大量时间，对于小型会展项目比较实用，而对于大型活动来说有一定的局限性。

2. 新闻舆情收集

新闻舆情收集是会展项目评估中的又一重要环节，因为新闻舆情是经过媒体验证和包装过的舆论，带有客观性和准确性，可以帮助组展方和相关单位机构随时了解情况和及时制订出相应的解决方案。

新闻舆情收集，主要是收集并记录新闻媒体，包括纸媒、网媒、电视电台广播等，在某一段时间内对某一特定会展项目的报道，如报道来源、时间、内容、发稿人、网址等。以下是杭州西博会主办方搜集的关于"杭报在线就2014大红鹰玫瑰婚典"发布的一则报道。

杭报在线

2014中国国际西湖情大红鹰玫瑰婚典明天举行

2014-10-0518：03　稿源：杭报在线作者：蔡怀光　编辑：杨东

杭报在线讯（记者蔡怀光）第十六届西湖国际博览会之"2014中国国际西湖情大红鹰玫瑰婚典"将于2014年10月6日（星期一）中午12时至16时在我市举行。届时，来自全国各地、境内外的100对新人将举行集体婚礼。为确保大红鹰玫瑰婚典各项活动的顺利进行，公安交警部门将采取临时交通管制措施。

大红鹰玫瑰婚典启动仪式现场设在西湖文化广场。12时50分，婚车巡游车队将从杭州西湖文化广场编队出发在市区巡游，具体路线为：中山北路—中北桥—环城北路—环城西路—北山路—城河下—市青少年活动中心。13时05分，新人们还将跨过断桥，在景区内白堤行走后乘船沿湖游览。

公安交警部门将视情在西湖文化广场周边、婚车巡游沿线道路以及西湖景区相关道路内采取临时交通管制措施，请过往车辆及行人服从现场民警的指挥与管理，遵守交规、文明出行。

网络信息量十分巨大，传统纸媒和电视电台广播的信息一般都能在网上找到，目前，会展项目的舆情收集主要还是通过人工处理的方法。今后，随着信息技术的发展，建立自动化的网络舆情分析系统，具备舆情分析引擎、自动信息采集、数据清理等功能，以及时应对网络舆情。

3. 项目总结报告

会展项目总结报告，是对整个项目活动过程的效果进行总体评价，内容一般包括评估项目概况、评估目的、评估过程与方法、评估结果统计分析、评估结论与可行性建议及附录等。

（二）会展第三方评估

会展项目第三方评估，是指由处于第一方（被评对象）和第二方（服务对象）之外的一方对会展项目进行独立、专业、权威的评估，主要有三种模式：高校专家评估、专业公司评估和民众参与评估。

1. 高校专家评估模式

这是由高校中的专家学者作为"第三方"接受被评对象委托的评估模式。比如，杭州市政府分别邀请浙江大学亚太休闲教育研究中心和上海交通大学会展经济发展研究中心对 2006 首届世界休闲博览会、2011 第二届世界休闲博览会的工作进行整体评估。

2. 专业公司评估模式

这是由专业组织作为"第三方"参与会展项目的评估模式。目前德国权威的展会评估机构为 FKM，是德语"展览会统计资料自愿审核协会"的缩写，隶属于德国展览与博览会协会。

3. 民众参与评估模式

这是普通民众随机或自由参与会展项目评估的模式。会展项目调查机构随机抽访市民作为"第三方"，或到现场随机发放问卷，或采用计算机辅助电话访问系统进行电话调查，或在网上进行问卷调查等。

第二节　会展跟踪服务

会展跟踪服务，是会展项目自始至终都要贯彻落实的一项核心工作，只有这样，才能真正让客户满意，实现双赢局面。以参展商来说，往往要提前几个月甚至一年就开始准备参展的各项事宜，了解会展当地的市场、行业状况、展位选择、展台展品设计、展品运输、宣传推广等，这些活动期间都有可能遇到各种问题，也有可能会因某些原因中途退展。因此，从参展商开始准备到展会期间再到展会结束，组展方都要维持与参展商的日常沟通联络，提供各种便利服务，发现问题及时解决，做好全程跟踪。

一、展前准备阶段

在展前筹备期，会展客户服务工作起始于招展招商。目标参展商和目标观众在做参展决定时，一般会自问四个问题：

1. 这是个怎样的展会？

2. 参加这个展会能给我带来什么回报？

3. 我是否有足够的资金和档期？

4. 我能享受到的特色服务是什么？

针对上述四个问题，会展项目主办方需要提供的是：

（1）展会项目的举办背景及概况介绍；

（2）展会项目的亮点和优势、规模和影响力，目标参展商和专业观众的拟邀名单。

（3）参展参会预算，包括搭建、食宿、交通等，表明由主办方承担的部分，如标准展位的搭建及展位基本配置等；参展参会的整体日程安排，包括交通、布展、正式开展、撤展、返程等。

（4）一对一联系人维持日常联络，实时跟踪最新进展；展会配套活动项目；参展费用优惠；专场推介会；等等。

二、展中服务阶段

如果说展前的计划很重要，那么，展中的计划实施更加不能掉以轻心。在这个过程中，参展商和专业观众抵达展会现场，亲身感受展会服务。对参展商而言，在展品运输和仓储、人员抵达、馆内货品搬运、布展、设备和办公用品租赁、人员食宿、展会期间大型活动（如开幕式、领导巡馆）、展会期间配套活动（如商贸配对交流会、企业专题推介会）、当地旅游、撤展、展品回运、人员离开等参展全过程中，可能都会需要展会主办方的建议与协助。这个过程确实比较烦琐，我们首先要理解参展商对于参展品质和展会服务的高要求，在服务过程中要尽可能地细致周到、主动灵活。切记，展前对参展商的承诺必须达成，这个非常重要。对专业观众而言，展会主办方主要做好接待服务，热情、贴心、专业。

展会是收集客户数据信息的重要途径之一。展会主办方可以设计一份观众登记表，以此来搜集观众信息，经分析汇总找出潜在的目标参展商和专业观众，丰富客户信息数据库。

三、展后客户跟踪服务阶段

（一）广泛收集客户资料，及时更新客户信息数据库

收集客户信息的时机有：展前客户调查、展中客户资料登记与客户现场沟通、展后调查。调查的地点可以是本次展会、相关展会或竞争对手的展会。调查的方式有观察、电话、网络、书面及当面访谈等。客户的范围除了参展商和观众以外，还有各媒体、专家、政府各级部门、各类服务商等。信息收集要注意下列事项：可以通过观察得来的信息就不要麻烦客户填写；调查的内容尽量不要重复，要言简意赅，方便客户填写；调查的次数不要太多，过多的调查也会引起客户的不愉快。

通常需要收集的客户资料包括参展商和目标观众的资料。简而言之，包括企业资料、人员信息、客户参加展会的信息以及客户的意见及建议。特别要注意的是客户的意见，当场能解决的，必须马上为客户解决；当场解决不了的，要及时跟进寻求解决，直到客户满意为止。真诚地征求客户的意见与建议，不但可以改进工作成效，还可以建立客户对组展方的信任，加深与客户间的感情。

展后应对各种客户信息进行综合整理，为下一届展会各个阶段的工作如展会立项、招展招商、现场服务、展后跟踪服务等提供重要信息。

（二）展后保持联系与沟通

展会结束意味着新的展会的开始，有的大型活动如奥运会、世博会甚至要提前一到两届来准备。会展企业应及时将本届展会的总结情况、下一届展会的准备情况、办展机构的其他相关信息等向广大客户和潜在客户发布，发布的方式可以选择网络、电话、上门拜访、直邮、展会刊物等，对不同客户采取不同的沟通方式。如对国外和外地的客户，采用网络、直邮等方式比较实际，而对于本地或周边地区的客户，上门拜访更容易增进双方感情。另外，展后开展个性化服务也是必不可少的，如对客户提供的建议由组展方高层管理人员亲笔签署回信以示感谢，并采取相应措施。组展方还可以定期关注客户及其所在机构，对其重要活动如公司成立纪念日、新产品研发成功、主要联系人的生日、重要节日等发电子邮件或寄送贺卡表示祝贺。

参考文献

[1] 镇剑虹，吴信菊 . 会展策划与实务 [M]. 上海交通大学出版社 ,2005.

[2] 华谦生 . 会展策划与营销—最新版 [M]. 广东经济出版社 ,2006.

[3] 陈鲁梅 . 会展策划与管理 [M]. 化学工业出版社 ,2009.

[4] 刘松萍 , 李晓莉 . 会展营销与策划 . 第 3 版 [M]. 首都经济贸易大学出版社 ,2015.

[5] 刘松萍 , 吴建华 . 会展文案 [M]. 南开大学出版社 ,2010.

[6] 李勇军 . 会展策划 [M]. 机械工业出版社 ,2015.

[7] 佚名 . 会展策划与营销：策划与营销 [M]. 广东经济出版社 ,2004.

[8] 程爱学 , 徐文锋 . 会展全程策划宝典 [M]. 北京大学出版社 ,2008.

[9] 许传宏 . 会展策划与组织 [M]. 高等教育出版社 ,2010.

[10] 张礼全 . 会展策划与管理 [M]. 辽宁美术出版社 ,2008.

[11] 马骐 . 会展策划与管理 [M]. 清华大学出版社 ,2011.

[12] 丁霞 . 会展策划与管理 [M]. 高等教育出版社 ,2006.

[13] 刘嘉龙 . 会展策划与管理 [M]. 中国旅游出版社 ,2014.

[14] 朱瑞波 , 常慧娟 . 会展策划与设计 [M]. 湖南大学出版社 ,2012.

[15] 钱凤德 , 朱仁洲 . 会展策划与管理 [M]. 中国建筑工业出版社 ,2016.

[16] 舒波 , 冯麟茜 . 会展策划与管理 [M]. 清华大学出版社 ,2016.

[17] 刘德艳 . 会展胜地形象策划(会展系列丛书)[M]. 立信会计出版社 ,2004.

[18] 范计楠 . 一种品牌推广会展策划用展示架固定装置: CN202122377864.3[P].CN216166568U[2023-08-04].

[19] 贾海明 . 一种会展策划用展示装置：CN202123018581.6[P].CN216569295U [2023-08-04].